大有文库

辛亥革命

吴玉章 著

中央党校出版集团 大有书局

图书在版编目（CIP）数据

辛亥革命 / 吴玉章著 . -- 北京：大有书局，2022.4

（大有文库）

ISBN 978-7-80772-066-9

Ⅰ . ①辛…　Ⅱ . ①吴…　Ⅲ . ①辛亥革命—研究 Ⅳ . ① K257.07

中国版本图书馆 CIP 数据核字（2022）第 039689 号

书　　名　辛亥革命
　　　　　XINHAI GEMING
作　　者　吴玉章　著

责任编辑　张媛媛
责任校对　李盛博
责任印制　袁浩宇
出版发行　大有书局
　　　　　（北京市海淀区长春桥路 6 号　100089）
综 合 办　（010）68929273
发 行 部　（010）68922366
经　　销　新华书店
印　　刷　北京中科印刷有限公司
版　　次　2022 年 4 月北京第 1 版
印　　次　2022 年 4 月北京第 1 次印刷
开　　本　145 毫米 ×210 毫米　1/32
印　　张　5.75
字　　数　101 千字
定　　价　22.00 元

“大有文库”出版说明

习近平同志指出，那些在历史长河中经久不衰的经典，都体现了文学家、艺术家襟怀和学识的贯通、道德和才情的交融、人品和艺品的统一。

大有书局是由中共中央党校（国家行政学院）主管主办的一家中央级出版社，以传播马克思主义，特别是宣传出版习近平新时代中国特色社会主义思想为主旨；以出版高品质、高品味图书和文化产品为引领。成立伊始，我们深感自身的使命与担当，立志于记录老一辈革命家和学贯中西的名家大师的思考与探索、理想与追求以及对中华民族文化传承与创新所作的努力和贡献。谨以我们赤诚景仰之心，追步先贤，以“传播新知，开启民智”为原则，现向广大读者奉上“大有文库”系列图书。

“大有文库”所选图书多为20世纪以来中国思想家、

史学家、哲学家、社会学家的经典作品，皆是在当时历史背景下产生过巨大影响，在当下仍具思想性、原创性、学术性以及珍贵史料价值且富有持久生命力的优秀作品。书中字里行间蕴含着博大情怀和深刻思考，展现了老一辈革命家和名家大师深厚扎实的理论功底、直面社会现实的智慧和勇气、纵论古今的宽广视野和饱含深情的个人情怀。希望广大读者特别是党政领导干部通过阅读经典感受中国传统文化的深厚底蕴，了解中国社会的发展变迁与国人的文化自觉，提升思想境界与自我修养。

为满足广大读者的阅读需求，在保证质量的前提下，我们尽量尊重作品原貌，充分展现作品的原汁原味。同时，我们以初版或经著译编者审定、修订、增订过的版本为首选，希望通过我们的努力，呈现给读者一套具有阅读品质与视觉品位的作品。

大有书局

2022 年 3 月

目　录

论辛亥革命

一

毛泽东同志在他的有名著作《新民主主义论》中，论述到太平天国革命以来中国人民进行民主革命的历史意义时，明确指出：辛亥革命是“在比较更完全的意义上开始了这个革命”。辛亥革命是中国民主革命时期的一次具有伟大历史意义的革命。这次革命推翻了清朝的统治，结束了中国两千多年来的君主专制制度，产生了中华民国，提高了中国人民的民主主义觉悟，促进了中国人民的革命斗争。

中国在十九世纪中叶以后进入了一个曲折和复杂的转变过程。在这个时期所发生的一切社会、政治和思想的变化，可以说，都是导向这次革命的。因为在这个时期侵入中国的是来自欧洲和美洲的资本主义势力，中国必须经过严重的社会改革，使自己资本主义化，才能同它相对抗。中国最早的资产阶级政治家如康有为和梁启超等曾经认为这种改革也可以用革命以外的其他方式，例如日本的方式，即依靠政府采取一些改良的方式来完成。但是一直到十九世纪末，清朝政府除了用外国枪炮武装军队和办几个工厂以外，拒绝在政治上进行任何改革。1898年的戊戌政变就是清朝政府中当权的顽固派拒绝政治改革的坚决的表示。如果当时清朝政府在抵御外侮方面是坚决的，那末，拥护它的人也许要多一些。可是清朝政府在这方面表现得十分无能，甚至无能到了令人不可容忍的地步。1899—1900年，义和团发动了反对外国侵略的斗争。清朝政府不但不能给这个斗争以任何有效的支持，八国联军进入北京，它又屈辱地订立了《辛丑条约》，承认外国在中国有驻兵权，并赔款四亿五千万两白银，分三十九年还清，本息合计九亿八千万两白银，以海关税和盐税作抵押，由外国派员监收。这样，中国不仅直接地受到帝国主义列强的武装威胁，而且还让它们干涉中国的财政收支。中国更深地陷入了半殖民地的泥坑。

这个条约当时特别使人感到愤慨。孙中山先生说，以前他奔走革命，人们把他看作危险分子，不敢同他接近；

而在此以后，他就得到了很多的同情者，主张革命的人越来越多了。为什么会有这种转变呢？广大群众爱国心的提高当然是一个重要原因。但是为什么这个时期孙中山先生所鼓吹的民主革命会得到很多人同情呢？这是因为有了新的社会基础。这个社会基础就是资产阶级。资产阶级是当时一个新兴的阶级。它的出现大约是在十九世纪八十至九十年代，到了二十世纪初，可以说已经初步形成为一个阶级了。

试看民族工业在这个时期的发展吧。在1900年以前，完全由民间举办的厂矿企业，资本在一万元以上的，有一百二十二家，资本总数为二二七七万元。到1906年，就已经发展到一百三十六家，资本总数为二七〇〇万元。其中以棉纺织业的发展最为显著。1896年全国纱厂十二家，其中华商七家；共有纱锭四一七〇〇〇枚，内华商占二五九〇〇〇枚；织机二一〇〇架，内华商占一七五〇架。就当时棉纺织业最发达的上海和江苏来说，1902年上海共有纱厂十七家，纱锭五六五〇〇〇枚；1908年江苏共有纱厂二十三家，纱锭五八七〇〇〇枚，织机三〇六六架。缫丝业的发展也很显著。1895年上海共有缫丝厂十二家，1903年增加一倍，丝机八五二六架；1909年增加到三十五家，丝机一一〇八五架；1911年增加到四十八家，丝机一三七三八架。此外，面粉、火柴、水泥、烟草、玻璃、机器制造等各种行业都开办起来了。

这些资本主义企业的发展当然还是很不够的。但是正因为不够，资产阶级就更有发展它的要求，对外国资本的威胁更为敏感，对政治改革的关心也更为迫切。以修铁路为例。中国人在甲午中日战争以前并不认为修铁路是一件多么迫切的事情，这次战争以后，由于外国人的鼓吹和自己的觉悟，懂得了修铁路的重要性。十九世纪末和二十世纪初就开始大规模地修筑铁路。清朝政府早已债台高筑，哪里还有许多钱来修铁路呢？要修铁路就只有借外债。1896年清朝政府决定成立铁路总公司，派亲美的大买办盛宣怀为督办。盛宣怀主张“借美债，用美匠”来筑路。当时帝国主义列强正在中国疯狂地掠夺海港和争夺势力范围，铁路投资更成为它们用来巩固在华势力范围的工具。这个借外债筑路的办法，引起了列强的竞争，也引起了中国广大人民的反对。湖南省有个资本家名叫禹之谟，是长沙的商会会长和教育会会长，1900年参加过唐才常在湖北的起义活动，1903—1906年在长沙开工厂，和同盟会一派的革命党人有联系，因此，清朝政府在1906年夏天把他逮捕起来并在1907年初把他绞死了。他就是资产阶级中反对借外债筑路的一个积极的鼓动者，在做商会会长时期如此，在牢里也如此，并且把反对借外债筑路作为他的遗嘱。

这个时期，“收回利权”的呼声响遍全国。江浙人民为争回苏杭甬铁路建筑权所进行的英勇斗争得到胜利，更鼓舞了全国人民。反对借外债开矿也是在当时资产阶级中引起轩然大波的事件。山西曾经有些人自动筹集资金，从英国人手里把矿权赎回来。反对借外债修筑铁路和开采矿山的事件，其他各省也曾陆续发生。

在这个时期里面，爱国运动差不多是一触即发的。1904年冬和1905年初，由于反对美国要求续订《中美华工条约》，中国资产阶级和小资产阶级就发起了大规模的抵制美货运动，这个运动波及十多个省的大小城市。

中国资产阶级还有一部分是在国外的，这就是华侨资产阶级。华侨资产阶级有很多人是从小商人出身，甚至有的是从工人出身的，同国内封建统治阶级联系比较少。同时因为他们接触了西方资本主义文化，又受到外国人的歧视，深恨清朝政府的腐败无能，容易产生革命情绪。

孙中山先生的活动就是从华侨里面开始的。孙中山先生本人出身于农民家庭，但这不是一个纯粹的农民家庭。他的哥哥早年到檀香山经营畜牧业发了家，他小时候就到那里依靠他哥哥读书，所以他本人也可以说是资产阶级家庭出身的。他所建立的兴中会，华侨占会员总数百分之七十八，其中有百分之四十八是华侨资产阶级。他后来在沿海各地从事武装起义，也都是靠华侨在经济上给予支持的。

这些现象说明资产阶级确实是要求政治改革的。但是资产阶级不是唯一的革命阶级。当时资产阶级还很弱小。革命派所以对革命具有信心，主要是因为广大群众的革命化。

1903—1911年的社会状况反映出外国资本侵入中国的严重后果。中国人民的生活水平原是很低的。但是在外国资本侵入中国以前，不少人还可以勉强地用各种方法来维持生活。例如，占全国人口大多数的、以小农经济为基础的农民，很久以来，都是男耕女织，兼营副业或手工业，在封建统治下过着十分低下的自给自足的经济生活。在鸦片战争以后一二十年间，外国人还为上海和广州附近农村手工棉纺织业的普遍而感到震惊。可是到了十九世纪末和二十世纪初，农村出产的土布就开始为廉价倾销的洋货所代替。其他如丝织品和瓷器本来都在出口货物中占有重要地位，这时却都因出口的减缩和入口的增加而衰落下去。这样，农民和小手工业者的活路少了，同时清朝政府的捐税和地主的剥削反而加重，他们的生活自然更为困苦了。所以在这个时期以“抗捐”“抗税”“抢米”一类口号发动起来的农民暴动，一年年有加无已。从1907年到1910年，仅长江中下游所发生的“抢米”“抗捐”事件，就有八十多起。1910年湖南长沙的抢米风潮和山东莱阳的抗捐斗争，参加的群众都有几万人。

随着资本主义在中国的发展，中国工人阶级的力量也逐渐壮大起来。中国工人阶级很早就参加过革命斗争。1906年安源煤矿工人六千余人参加了同盟会在萍乡、浏阳、醴陵举行的起义。1911年川汉铁路筑路工人举行起义来响应资产阶级反对清朝政府的“铁路国有”运动。此外，工人为改善本身生活条件曾进行过多次罢工斗争。

这个大动荡反映了封建社会的日趋瓦解。在这个大动荡中，不仅许多工人、农民和手工业者起来反抗，而且也有不少比较开明的地主阶级分子表现不安，想寻求经济上和政治上的出路。出路在哪里呢？当时封建主义已经毫无出路了。要找出路只能跟着资产阶级跑。所以他们中间有很多人卷入了资产阶级的政治运动，不是变成孙中山先生的信徒，就是变成康有为和梁启超的信徒。

正是由于全国人民日益明显地倾向于革命，在十九世纪末和二十世纪初才先后出现了一些地方性的、小规模的革命团体。这些团体是由小资产阶级分子、资产阶级分子和一部分比较开明的地主阶级分子组成的，成分不一，但都是反对清朝统治的。1905年，这些地方性的小团体在孙中山先生的领导下建立了一个联盟，名为中国革命同盟会。同盟会的纲领是资产阶级性质的，除了推翻清朝政府以外，还主张建立民国，并且根据孙中山先生的建议，增加了一条平均地权。这个纲领就是辛亥革命的纲领。

二

从上面所说的情况可以看出，在辛亥革命以前的十年间，革命形势已经相当高涨了。从人民方面来说，已经不能照旧生活下去；从统治者方面来说，也已经不能照旧统治下去了。

人民不能照旧生活下去，就倾向于革命；统治者不能照旧统治下去，就力图缓和革命，以便从危机中挽救自己。所以清朝政府到了二十世纪初期已经不能像戊戌政变前后那样顽固了。它陆续颁布了一些实行改革的命令。这些改革包括：废科举、设学校、派游学、裁冗员、设立商部并对民族工业采取保护政策等，都是康有为等人在戊戌时期求之不得的。但此时人民对于政治改革的要求已经比戊戌时期大为提高，清朝政府尽管实行了一些改革，也不能使人们感到满意。清朝政府迫不得已，在1905年派五大臣出洋考察宪政，表示同意立宪；1908年宣布筹备宪政时间为九年，到1917年完成。1907年改商部为农工商部，宣布对兴办实业的人给以奖励：投资二千万元以上者赏一等子爵，投资十万元以上者赏五品衔。这些措施不但在一定程度上承认了资产阶级的政治地位，并且许诺了更大的让步。

清朝政府所实行的和许诺的这些改革，引起和加剧了资产阶级内部的分裂。以孙中山先生为首的革命派认为，清朝政府的改革是虚伪的，诺言是靠不住的，必须推翻这个政府才能建立民主制度；以康有为和梁启超为首的立宪派代表资产阶级右翼和一部分地主官僚，他们认为，清朝政府的改革尽管是虚伪的，诺言尽管是靠不住的，但是已经有了进行合法斗争的可能性，与其忍受革命的痛苦，不如用合法方式来争取政治改革的进一步实现。

当清朝政府还在拒绝改革的时期，革命派就已经开始出现了，并且和立宪派有了意见分歧。到了1905年前后，这种分歧越来越大。结果，资产阶级在政治上发生了分裂。

这种分裂在1909年以后更加显著。因为在这个时期，清朝政府宣布在中央设立资政院，在各省设立咨议局，这是一种类似资产阶级议会的机关。资政院照规定设议员约三百人，其中一百二十五人由皇帝委派（其中王公世爵十人，宗室五人，中央各部院官员一百人，业主资产在一百万元以上者十人），另由各省咨议局议员互选本省议员定额十分之一，约一百六七十人。各省咨议局议员由各县选举，凡在当地办教育或其他公共事业三年以上的，中学以上学校毕业或举贡生员以上出身的，曾任文官七品、武官五品以上的，在当地有五千元以上工商业或不动产的，都可以当选。按当时全国二十三个省区计算，共有议员一千六百七十七人。咨议局可以议决本省应兴应革事件、预决算、税法、公债以及本省担任义务之增加等。这样的机关对于资产阶级上层分子显然具有很大的吸引力，所以他们中间有很多人都参加进去了，有些人还被推举为议长。

全国各省咨议局的设立，除加深了资产阶级内部的分裂以外，还有两种作用值得注意。

第一，它具有提高民主主义觉悟的作用。这个机关既是议会性质的，各地资产阶级、小资产阶级和地主阶级中要求改革的人很多都被选进去了，就立即成了一个要求政治改革的讲坛。随着革命运动的高涨，请愿立宪的运动也日甚一日，政治改革成为不可抗拒的潮流。结果，清朝政府只好继续让步，本来宣布在1917年实行宪政，此时又宣布提前四年，在1913年实行宪政。然而这种让步仍然不可能使人们感到满意，甚至咨议局的议员们也有很多人因为清朝统治者缺乏进行改革的诚意而失望。四川、湖南、湖北和广东等省反对借外债筑路的运动，山东、山西等省反对借外债开矿的运动，也都是在咨议局里面哄闹起来的。这些运动都关系到一般群众的利益，议员们越是闹得凶，卷入的群众也就越多。群众是反对清朝统治的，他们既然参加进来，就把议员们的运动变了质，变成了反对清朝统治的革命运动了。所以，咨议局的议员们虽然极大多数只是一些改良主义者，并不赞成革命，可是最后他们还是做了革命的不自觉的工具。

第二，咨议局也起一种消磨资产阶级的革命性和加强它的妥协性的作用。参加咨议局的资产阶级分子多数是属于上层知识分子。尽管他们迫切地要求政治的民主改革，然而并不要求社会的民主改革。现在他们又同地主阶级的绅士们在咨议局里面形成一条要求政治改革的阵线，就势必要进而反对社会的民主改革了。这个现象是非常值得注意的。因为咨议局是辛亥革命前资产阶级立宪派在国内所占有的巩固地盘，它使得革命派在革命爆发以后完全处于劣势。立宪派成了主人，革命派成了客人，而主人是同封建势力紧密联系在一起的。

由此，我们可以对咨议局的作用作这样一种评价，即：它在革命以前，一方面削弱了革命的力量；另一方面因为要求政治改革，揭露了清朝政府的腐朽无能，反而促进了革命运动的发展。在革命以后，它虽然竭力表示是共和制度的拥护者，但是因为它和旧势力在一起形成了对抗革命派的联盟，在实际上阻碍了革命运动的发展。

三

从分散的地方性的革命团体到这些团体的联合，建立起同盟会，这是革命运动的一个重大的发展。但是，如果我们仔细把这个发展考察一下，就可以看见，它的成就主要是产生了一个共同纲领，即："驱除鞑虏、恢复中华、创立民国、平均地权。"这四句话说了三件事：一、推翻清朝政府；二、建立中华民国；三、平均地权。其中，建立中华民国和平均地权的提出，是同盟会和它的领袖孙中山先生的伟大的贡献。在同盟会成立以前，历来主张推翻清朝政府的人都以恢复明朝或者建立汉族帝国为口号。1894年兴中会所提出的纲领中有建立合众政府一条，但是什么叫合众政府呢？这个名词很可能是从美利坚合众国脱胎来的，那末合众政府也就是联邦政府。联邦政府当然也是资产阶级共和国形式之一种。但是当时中国迫切需要的是提出民主主义的政治概念。可见兴中会时代的革命思想也是不够明确的。此外，在1895年还出现过"台湾民主国"。这是台湾同胞因为清朝政府把台湾割让给日本，不甘忍受日本的统治而成立的。为什么叫做民主国呢？并不是因为台湾已经有了资产阶级，要求民主政治，而是因为台湾已被清朝视为化外，没有了君主，所以只好借用一个资产阶级的名词，叫做民主国，而年号仍旧称为“永清”。“永清”的意义既可以理解为永远属于中国，也可以理解为永远属于清朝。试看台湾民主国总统唐景崧在回到国内以后仍旧是清朝的臣子，副总统丘逢甲在辛亥革命前成了君主立宪的拥护者，就可以知道他们并没有真正的民主思想。同盟会成立以后，建立民国的思想很快就普遍起来，建立汉帝国的话从此再也没有人提起了。所以同盟会纲领在当时确实起了很大的作用。

平均地权更是一个新的理想。这个理想表明比较西方资产阶级后进的中国资产阶级希望他们的共和国能够因为同农民建立良好的关系而获得长久的寿命，不致在革命以后不久又发生第二次革命。

但是在当时人们的心目中，同盟会的三条纲领里面究竟哪一条是最重要的呢？当然不是平均地权，也不是建立中华民国，而是推翻清朝政府。行动的要求首先是推翻清朝政府，这是不待说的。问题是，为什么要推翻清朝政府。是为了建立中华民国吗？当然有许多人是为了建立中华民国而主张推翻清朝政府的，这些人主要的是属于资产阶级革命派。但是有更多的人是因为简单地反对清朝政府而主张革命的，这种人各阶级都有，非常普遍。他们痛恨这个政府不仅因为它的腐朽无能和它所带来的民族灾难，而且因为它主要是由满洲贵族所掌握并厉行种族歧视政策的。有的人甚至说，即使清朝政府实行民主改革，也必须推翻它。资产阶级利用了广大人民反对清朝统治的情绪来鼓吹革命，这是对的，不过当时资产阶级革命派本身的认识同一般人几乎没有什么区别。他们的宣传给人印象最深的只有两点：一是反满；一是汉族祖先的光荣传统。这种宣传起了很大的作用，革命的风暴主要是这样鼓动起来的。但是这种宣传有很大的弱点。反满这个口号太简单了，它把一切的仇恨集中在满族统治者身上，其中掺杂着汉族人民的种族主义情绪，而没有真正提高全国人民的民族意识。结果放过了一个真正的民族敌人——外国侵略者。同样，对于汉族祖先的光荣传统的宣传也太简单了，没有批判、反对那长时期统治中国的汉族的封建主义，这就又放过了一个内部的大敌人，也就是支持了清朝统治的汉族封建势力。因此，革命派在辛亥革命以前尽管作了许多政治鼓动，并且做了一些启蒙工作，但是因为内容过于简单，同时也没有在理论上作详细的说明，以致未能攻破封建主义的思想堡垒。他们在理论方面不但缺乏创造性的活动，而且对西方十七八世纪启蒙学者的著作和十九世纪中叶的主要思想家的著作也都没有系统的介绍。目前我国翻译出版的许多外国古典著作，其实是在辛亥革命前就应当由资产阶级学者翻译过来的。没有强有力的思想革命作先导，是辛亥革命的一个重大的缺陷。

我们应当承认，那些热烈地充满反满情绪的革命分子是非常令人尊敬的。他们满腔热血，慷慨悲歌，处处表现愿意为推翻清朝统治而献出整个生命。他们的自我牺牲精神在人民中留下了永不磨灭的印象。

然而这些勇敢的人们的行动并不是一致的。例如，在组成同盟会的小团体里面有这样一个团体，叫做光复会，又名复古会。它的会员有的拒绝参加同盟会，独立行动，著名的烈士徐锡麟就是其中的一人，他以刺杀安徽巡抚恩铭而成为历史上的英雄人物。有的人参加了同盟会，可是不久又主张分裂，著名的学者章太炎就是其中的一人，他是同盟会机关报《民报》的主编，1909年竟散发传单攻击孙中山先生，辛亥革命以后立即宣告脱离同盟会，另组小派别。

孙中山先生在当时积极地领导了武装起义。他认为清朝统治到了二十世纪初期已经好像一座破屋子，只要抽掉里面的一根木头，或者挖倒一面墙脚，就会整个塌下来。所以他在同盟会成立以后所从事的革命活动，包括联络会党和筹款，都是为了组织起义。但是他领导的起义可以说都不是以在群众中的耐心的工作为基础的，而只是一种军事投机，因此起义不断失败。他经常组织一批武装的敢死队在西南沿海的某些地方或那些驻有清朝防军的地方进行突然的袭击，既没有接济，也没有当地群众的援助，联络工作又做得不好，结果每一次都失败了。1910年广州新军起义失败以后，那些领导起义最积极的分子如赵声、黄兴等，因为遭受了很大的损失，都有些灰心丧气了。当时国内革命形势日益成熟，如果不能继续推动革命，岂不太可惜了吗？于是孙中山先生同黄兴等人提出一个办法，决定集中全力，在广州进行一次有充分准备的，同时也是破釜沉舟的起义。这就是著名的1911年夏历三月二十九日之役（起义失败后，广州人民把牺牲的烈士葬于黄花岗，故又称黄花岗之役）。这次起义仍旧采取老办法，招集了各省的同盟会员，组织成八百多名的敢死队，运了七百多支枪和三百多颗炸弹到广州去，在那里设立了近四十处机关，许多人写了绝命书，成功失败在此一举。结果又失败了，不过影响很好，它使人们感到振奋，使清朝的腐败无能的官吏大为惊慌，他们简直失去了应付革命的能力。

但是同盟会本身因为起义失败而遭受的损失是很大的。许多优秀干部的牺牲使革命力量大为削弱，更重要的是，同盟会失去了主宰。孙中山先生虽然继续在美国华侨中进行筹款，准备起义，但并没有实际领导同盟会的工作。同盟会的著名活动家赵声在广州起义失败后生起病来，不久就在香港死了；黄兴因事败而心灰，束手无策；胡汉民躲在香港，连人都找不到。以宋教仁为首的一批同盟会员在上海成立同盟会中部总部。这个组织虽然号称是同盟会的一个分支机构，但是从它所发表的宣言来看，实际上是因为对同盟会的领导有些不满而采取的独立行动。

一个革命团体在革命胜利之前就已经陷入这样一种分裂、涣散和瓦解的状态，要在革命胜利以后保持一个统一的阵线，那就太困难了。

四

辛亥革命的爆发不在别的地方而在武汉，并不是偶然的。在1904年以后，这里已经建立了革命团体，并且有人坚持在士兵中进行鼓动和组织工作。在辛亥革命以前，这里有两个革命团体，一个是文学社，一个是共进会的分会。共进会是一部分同盟会员把各省的会党联合起来成立的，作为同盟会的外围组织。湖北新军共约一万六千人，参加文学社的已有五千多人，还有许多参加共进会的。当时这两个团体在事实上已经控制了湖北的新军，它们组织了统一的指挥起义的机关，准备起义。后来这个机关遭到破坏，领导者有的被逮捕杀害，有的分散隐匿起来。但是因为多数士兵都成了革命分子，要求起义的情绪非常高，所以在没有领导的情形下，也能成功地发动起义，创造了革命的第一个胜利。

然而也正因为起义是在没有领导的情形下发动起来的，士兵们在起义获得初步的胜利以后就遭遇了很多意想不到的困难。迎头一个问题就是建立政权，必须有人出头。当时群众还没有觉悟到自己打下的江山，应当自己出头来领导，而是希望别人来领导，把政权让给他。前一晚上起义，因为没有人指挥，临时抓来一个连长，强迫他指挥，现在再强迫他组织政权，他说什么也不敢干了。只得另外找人，找谁呢？结果找来了咨议局议长、立宪派汤化龙，他又是个文人，不能领导军队，还得找个武官，能领导军队的。后来终于找到了，这个人就是原湖北新军的旅长黎元洪。士兵们用枪指着他，强迫他当湖北军政府都督，他坚决不干，就把他关起来，同时用他的名义发表文告，使他下不了台。可是他一句话也不说，为的是留一条后路，将来革命失败，他可以推说他是被强迫的。过了几天，形势好转，他也就答应干了。这样一个人竟成了建立中华民国的元勋。

既然黎元洪出来了，汤化龙出来了，同他们有联系的人也就都出来了。他们的势力越来越大，那些建立中华民国的真正的元勋们——起义的士兵们和资产阶级革命派的势力就一天天缩小，尤其是那些起义的士兵们，有许多竟被杀掉了。当初在湖北从事革命活动的老人，后来提到这件事真是痛心不已。

本来同盟会设想在起义胜利以后首先是组织军队，然后一路打过去，打到什么地方，就占领什么地方，最后占领全中国。但是武昌起义以后的情形同设想的大不相同，差不多所有的地方都是传檄而定的。武昌起义后不到两个月，全国大部分省区都宣布独立了。从当时的情况来看，各省宣布独立的形式大体上有这样几种：

第一种形式，和武昌差不多，主要是新军士兵的起义，起义以后由于没有坚强的领导，结果政权落入了立宪派资产阶级上层分子的手里，再由立宪派把旧势力拉出来掌握政权。例如陕西就是如此。

第二种形式，就是群众起来了，而且有资产阶级革命派的领导，革命胜利以后，革命派掌握了政权，但是立宪派和旧势力一反攻，就把政权夺过去了。湖南就是如此。湖南也是新军起义，有革命派领导，他们把巡防营的军官杀掉，自己掌握了政权，可是立宪派马上来一个政变，把革命派全杀掉了，他们和旧势力掌握了政权。除湖南以外，贵州也是如此。

第三种形式，就是当群众起义尚未爆发的时候，当地一些立宪派人物就利用下层群众起来的形势逼迫清朝政府的官员自动宣布独立。结果宣布独立以后，政权还是落在清朝政府的旧官员手里。很多省份都是如此。例如江苏巡抚程德全，大家劝他独立，他就举行一个仪式把自己的官衔改成都督，完全原班人马，只是换一块招牌。

第四种形式，比如云南，爆发了战争，新军和旧军队打了仗，新军赶跑了旧势力，改变了政权。

还有一种形式，比如四川，情况更为复杂。自1911年5月以来，由于清朝政府把民办川汉铁路收为国有以借外债，引起了四川广大民众的激烈反对。川汉铁路原来是四川民众为了反对西方国家的侵略而倡议兴筑的。他们发起用“租股”的办法来筹集资本，“按租出股，百分取三”。因此，全川六七千万人民，不论贫富，对民办铁路都发生了经济上的联系。四川保路运动原先是立宪派所控制的咨议局领导的，他们为了扩大斗争力量，就组织了保路同志会，想利用四川拥有广大群众的哥老会。哥老会是一个反清复明的秘密结社，此时由于咨议局的支持，开始公开活动。革命的同盟会和共进会会员多年来就在哥老会中进行工作。因此，运动一发展，就不是立宪派所能控制的了。

当时斗争声势十分浩大，全川一百多个州县的工人、农民、学生以及其他阶层都卷入了这个运动，纷纷举行罢市罢课。横暴的四川总督赵尔丰9月7日屠杀请愿的市民，引起了四川人民更大的愤怒。各县民众蜂起，支援成都市民，使赵尔丰只能困守督署。端方奉命率领湖北一部分新军入川镇压，新军在万县和内江与四川同盟会员取得联系后，在资州起义，杀掉了端方。接着，同盟会员在内江等县起义。这时，四川的一部分新军已在成都附近起义，直趋重庆，与城内同盟会员联合占领重庆，成立了蜀军政府，以同盟会员张培爵为都督。赵尔丰见大势已去，把政权交给咨议局议长、立宪派蒲殿俊，成立四川军政府，使革命造成成渝对峙的局面。后来同南北和议一样，把政权交给旧势力了。

总之，形式尽管有这样几种不同，结果是一样的。

为什么会产生这种现象呢？实在是因为革命派太没有力量了。他们盼望革命早日成功，凡是拥护共和的人，他们都愿意合作。在共和名义下发生的争夺权力的事件，只要夺得权力的人仍旧表示拥护共和，哪怕他有残杀革命分子的血债，也没有人去追究他。他们对于共和制度的信心很高，以为有了它就可以保障资产阶级的地位，同时他们也看不出在革命胜利以后自己同其他拥护共和的人有什么区别，所以他们在各党各派纷纷活动的状况下反而拿不出什么积极的办法来加强本身的力量。

可是立宪派就和革命派不同。立宪派一方面加紧表现他们是共和制度的拥护者，另一方面始终不忘记他们同革命派在政治上的分歧，处处提防革命派排斥他们。立宪派觉得他们自己的力量也是薄弱的，为了不受革命派排斥，并且进一步排斥革命派来稳定自己的地位，就力求同旧势力结成反抗革命派的联盟。这就是说，尽管革命派处处拉拢立宪派，而立宪派并不同革命派团结一致，因此资产阶级在政治上始终是分裂的。

在这种情形下，袁世凯代替孙中山，北京临时政府代替南京临时政府，旧势力代替在革命中兴起的新势力，就成为毫不足怪的事情了。

上面所说的在革命理论、革命组织、革命武装、革命政权这几个革命的基本问题上缺乏准备和指导上的错误，都是辛亥革命所以失败的重要原因，这些都是留给我们的深刻的历史经验教训。但是我们在评论辛亥革命的时候，如果仅仅看到它的弱点，仅仅把它看做是一个失败了的革命，那就不对，有许多事情也会因此而不可理解。

应当承认，辛亥革命尽管没有把封建主义打倒，但是它已使封建主义受到了致命的一击，因为它推翻了清朝统治，最后地结束了中国的君主专制制度。君主专制制度曾经在很长的时期中和在很大的程度上是封建主义得以继续存在的条件，君主专制的无上尊严，实质上就是封建主义的无上尊严，它不容许对于封建主义的任何触犯，早已成为社会进步的严重障碍。因此这个障碍的破除，就使民主主义成为不可抗拒的潮流。从前皇帝自称为天子，如果有人说皇帝是强盗，可以打倒，别人一定把他看做疯子。孙中山先生就曾经是一个被人家看做疯子的人。相反，在辛亥革命以后，如果有人想做皇帝或者拥护别人做皇帝，一定也被看作疯子。袁世凯是在辛亥革命以后想做皇帝的人，张勋是在辛亥革命以后想拥护别人做皇帝的人，他们都有武力做后盾，当初何尝不自认为有把握？可是一到要成大事的时候，马上就发现原来拥护他们的人只有身边的几个奴仆，或者某些同他们一样可笑的梦游人。

所以推翻君主专制制度是辛亥革命的一个伟大的胜利。当时人们眼看着这个制度崩溃下去，其兴奋的心情是难以形容的。当时资产阶级和小资产阶级可以说都认为革命的胜利就是新生活的开始。试看武昌起义以后立即出现许多党派，争取参加政府，它们的活动在现在看来固然有许多是很幼稚的，但是不容否认，这是民主精神高涨的反映。特别是广大人民都欢欣鼓舞地迎接这个胜利，更是一种新气象。列宁在当时很称赞这种新气象，他在1913年《亚洲的觉醒》一文中说：“中国不是早就被称为长期完全停滞的国家的典型吗？但是现在中国的政治生活沸腾起来了，社会运动和民主主义高潮正在汹涌澎湃地发展。”如果不是革命打倒了君主专制制度，这种新气象的出现是不可能的。

辛亥革命虽然推翻了君主专制制度，建立了中华民国，但是由于中国资产阶级本身的软弱，并没有完成资产阶级民主革命的任务，没有消灭封建主义的根基，更没有担当起反对帝国主义的重任。辛亥革命的失败，使1919年的五四运动不可避免。人们在经历了这次失败而有了觉悟以后，就要求补课，认为只有把帝国主义和封建主义打倒，中国才有出路。但要打倒帝国主义和封建主义，必须寻求新的革命理论和新的革命途径。当时中国资本主义有了进一步的发展，无产阶级已经逐渐成长和壮大起来，在伟大的十月社会主义革命的影响下，中国的先进分子，看到了中国民族解放的新希望，开始接受了马克思列宁主义，为五四运动准备了条件。辛亥革命的胜利，也使五四运动不可避免。因为人民在经过了这样一次天翻地覆的变化以后，精神上和思想上获得了相当大的解放，敢于提出辛亥革命以前不敢提出的问题，并且比较容易地接受新的革命理论。所以我们说，辛亥革命是近代中国具有伟大历史意义的旧民主主义革命，它为中国人民革命事业开辟了前进的道路。

从甲午战争前后到辛亥革命前后的回忆

——为纪念辛亥革命五十周年而作

序 诗

辛亥革命五十年，当年志士半凋残。
且喜建成新中国，巍然屹立天地间。
东亚风云大陆沉，浮槎东渡起雄心。
为求富国强兵策，强忍抛妻别子情。
廿世纪初零五年，东京盛会集群贤。
组成革命同盟会，领袖群伦孙逸仙。
飘摇清室遇狂风，革命潮流汇广东。
七十二贤成烈士，至今凭吊有吴翁。

丧权卖国震人心，铁路风潮鼎沸腾。
武汉义旗天下应，推翻专制共和兴。

革命党随革命消，中山无力挽狂潮。
拱手让权袁世凯，阴谋窃国祸心包。
辛亥革命未成功，领导还须靠劳工。
自从建立共产党，人间才得见春风。
世界风云今日高，亚非拉美卷狂飙。
东方红日普天照，殖民帝国正冰消。

一、甲午战败，震动人心

自从世界资本主义侵入中国以后，腐朽的中国封建社会即逐渐解体而沦为半殖民地。中国再也不能闭关自守了。对于这种情况，我家乡民间有这样的说法：洋人打掉了我们五个梅花桩（大概是指五口通商吧），就闯进中国来了。就连中国封建主义的卫道者、屠杀太平天国的刽子手如曾国藩、胡林翼、李鸿章之流，也感到中国必须有所改变，才能适应世界局势。当胡林翼亲眼看到了外国兵船在大江中来去如飞的时候，他在惊羡之余，也不能不喟然兴叹，说中国的武器太不行了，应该学习洋人的船坚炮利。于是便出现了李鸿章等封建官僚所办的“洋务”。这种“洋务”开办于十九世纪六十年代初期，比日本维新还稍早一点。但是它与日本维新不同。日本经过维新运动便走上了资本主义的道路；而中国的“洋务”运动并不鼓励资本主义的发展，只不过是想借西方的武器来保护中国的封建统治而已。正因为这样，日本已渐趋富强而中国却依然落后，日本才敢于在1894（甲午）年对中国发动大规模的侵略战争。在这次战争中，虽然中国人民的抗日意志很坚决，士兵作战也很英勇，但由于统治者的腐败无能和投降派的从中破坏，结果中国还是失败得极其悲惨。清朝政府被迫派头号卖国外交家李鸿章到日本去签订了《马关条约》。根据这个条约，不但友好的邻邦——朝鲜被牺牲了，而且中国自己的领土台湾全岛及所有附属岛屿、澎湖列岛也被宰割而去，甚至还要割让东北的辽东半岛；不但开放了沙市、重庆、苏州、杭州等地为商埠，而且还允许日本人得在中国所有的通商口岸开设工厂；至于赔款之重——库平银二万万两，也极为惊人。这真是空前未有的亡国条约！它使全中国都为之震动。从前我国还只是被西方大国打败过，现在竟被东方的小国打败了，而且失败得那样惨，条约又订得那样苛，这是多么大的耻辱啊！李鸿章的“洋务”运动彻底破产了，李鸿章的卖国贼面目彻底暴露了。广大人民都反对投降派，反对李鸿章，欲食其肉而后快。当时正在北京会试的各省举子也纷纷集会、请愿，康有为即曾联络其中的一千余人，举行了著名的“公车上书”，要求拒和迁都，变法图强。我还记得甲午战败的消息传到我家乡的时候，我和我的二哥（吴永锟）曾经痛哭不止。那时我的母亲刚死去不久，我的二哥正和我一起在家守孝。家庭的不幸使我们对国家的危亡更具敏感，我们当时悲痛之深，实非言语所能表述。

甲午战争以后，帝国主义的对华投资急剧地增加了，这对中国的民族资本起了一定的刺激作用；而“洋务”事业的破产，也迫使清朝政府对民族资本做了若干让步；于是中国的民族资本主义经济有了初步的发展。就在这个基础上，西方资产阶级思想才得到较为广泛的传播，资产阶级的政治运动也逐渐发展起来。康有为、梁启超等人的资产阶级改良主义的政治活动在甲午战后渐趋活跃，孙中山等人也在甲午战后开始了他们的资产阶级革命的政治活动。我自己的思想也是随着时代思潮的激荡而前进的。

甲午之前，在我的头脑中占主导地位的还是传统的忠孝节义的思想。1892年初，我刚满十三岁以后，便随我的二哥到成都进了尊经书院，这使我的眼界扩大了许多。我们的同伴中有一个名叫黄芝的，他和我二哥是同榜的秀才，因为他父亲是个“刻字匠”，当时人们都看不起他，但我们却成了很好的朋友。他比我年长，读书很多，对文字学、汉学颇有研究。我们时常一起去游览武侯祠、草堂寺等名胜古迹。每当傍晚我们在城墙上散步的时候，他总要指点胜迹，为我讲诸葛亮和杜甫等人的故事，有时还联系到当前国家的危机，大发感慨之词。这样，我从小便养成了关心国家大事的习惯。在尊经书院的时候，学长们还不断给我讲述前辈同学们的斗争故事。有一个同满人藩台斗争的故事，我现在还记得。大致是书院刚成立不久，学生们即爱议论时政，臧否人物。那时有一个贪婪昏庸、横行无忌的满人做藩台，便成了大家攻击的对象。一天总督考课，省城官员循例奉陪。这天，藩台到得特别早，他坐着八人大轿，一直闯到书院的二堂才下轿。学生们见他这样抖威风，都非常气愤，便设法捉弄他。他们派人到书院门口迎接钦差学政张之洞，张于是即在书院门口下轿。张当时在四川颇有声望，而且又是钦差，其余的官员见他的轿子放在书院门口，也都在书院门口下轿。等考课完毕，所有官员的轿子都从书院门口进来，惟独这位藩台的轿子从二堂抬出，而且上面的玻璃早被学生们打碎了，使他感到十分尴尬。这位藩台因此怀恨在心，便想到尊经书院抓人报复。那时主管书院的王壬秋（闿运）很爱护学生，他估计到藩台不肯罢休，当晚即去信请张之洞翌晨便衣简从来院议事。

第二天，张来到书院，却无人接他。他正在客厅里徘徊的时候，藩台派来的人便把他当作学生抓去了。藩台一看抓来的是钦差，吓得连忙赔罪。从此以后，他的恶行也就收敛了一些。这个故事引起我很大的兴趣。我在尊经书院的时间虽然很短，但给我留下的印象却极其深刻。

这年夏天，我和我二哥奔母丧回家。我二哥是一位服膺宋明理学、极讲孝道的人，每晚必去屋旁的田间为母守殡，实行所谓“庐墓三年”。当我送他出门以前，我们总要挑灯读书。那时我们读的是《通鉴辑览》《天（启）崇（祯）百篇》等书文。每读到岳武穆、文天祥等人的忠勇事迹时，我们都极为感动，甚至潸然泪下。我们尤其喜爱的是明末烈士黄淳耀。他在清兵攻破嘉定之际，首先叫妻子和弟弟上吊，并说：“弟弟，你们先走吧！我随后就来。”然后自己也从容自缢以殉国。在明末的许多“名士”中，一方面有黄淳耀这样的烈士；另方面也有吴梅村那样的懦夫。吴投降了清朝，后来因怕被列入“贰臣传”而感到悔恨，他临死前在一首《贺新郎》的词中写道：“故人慷慨多奇节。为当年沉吟不断，草间偷活。……脱屣妻孥非易事，竟一钱不值何须说！”完全道出了一个软骨头的民族叛徒的痛苦心情。像吴梅村与黄淳耀这两种人，真可谓“一则放之须臾，而已与草木同腐矣；一则忍之须臾，而已与日月争光矣”。他们之所以得到两种迥然不同的结果，全在乎关键时刻是否受得住严峻的考验。在甲午战前，我读的就是这类书。而这类书对于培养我的民族气节和革命气节，都曾起过积极的作用。那时四川还很闭塞，新书还未流行，因此我还没有接触到什么“新学”。不过，我对当时国家危亡的大势是了解的，我正在为祖国的前途而忧心如焚。甲午战争的失败，更激发了我的救国热忱，我需要找寻一条救亡图存的道路。我知道当时政治的腐败和官场的黑暗，因此，对“洋务”运动的失败并不感到惊奇。但是，中国的出路究竟何在呢？我有些茫然。正当我在政治上十分苦闷的时候，传来了康梁变法维新的思想，我于是热烈地接受了它。

二、变法维新，昙花一现

甲午战争以后，中国的民族危机更为加深了。“三国还辽”的结果，并没有给中国带来多大的好处，反而招来了无穷的后患。什么是“三国还辽”？原来《马关条约》已规定中国把辽东半岛割与日本，这引起了沙俄帝国主义的嫉恨。于是它便联合法、德帝国主义一起，由三国同时出来强迫日本帝国主义把辽东半岛“归还”中国。法国是沙俄的盟国，自然乐意参加；德国当时正想插足中国，因此也很积极。英国和沙俄虽然有着深刻的矛盾，但对日本发展的过于迅速也深感不安，因而对三国的干涉采取了“中立”的态度。这样，日本势孤了，不得不在三国的压力下屈服。日本是宁可对三国屈服也绝不肯对中国让步的，它硬要中国再拿出三千万银两才让把辽东半岛赎回来。这便是后来许多卖国外交家所津津乐道的“三国还辽”的故事。其实，这完全是帝国主义之间利害冲突的表现，并不是它们中间哪个对中国有什么好意。以后的事实马上证明了帝国主义险恶的居心。俄、德、法三个帝国主义都以“还辽”有“功”，争着向清朝政府要求“报偿”。于是德国强占了胶州湾；俄国强占了旅顺、大连；法国强租了广州湾。英国也不甘落后，趁机逼迫清朝政府把威海卫租了去。帝国主义强盗群起向中国劫夺，就像在死尸上窃取东西一样。它们把中国划分为若干势力范围，各在其势力范围内以主人自居。长江流域被划为英国的势力范围；云南、两广（其中一部分属英）被划为法国的势力范围；福建被划为日本的势力范围；山东被划为德国的势力范围；东三省被划为沙俄的势力范围。这时，中国大有被瓜分之势。美帝国主义来迟了一步，没有在中国取得势力范围，因此便提出了狡诈的“门户开放”政策，希图取得比其他帝国主义更多的权益。它一方面以“保持中国之领土主权完整”为名，来骗取中国人民的好感；一方面又要求“门户开放”，好让它的势力渗入各帝国主义的势力范围和全中国所有的地方；而最后的目的则是想把中国变为它独占的殖民地。这一政策的险毒，以后越来越厉害。第一次世界大战后，美国又以“门户开放”为幌子召集了华盛顿会议，缔结了最有利于它的“九国公约”。第二次世界大战后，美国更进一步，准备假手蒋介石，把中国囊括而去。美国的这一新殖民主义计划在中国实行了五十年，当它快要完成之日，却被中国共产党领导中国人民将它彻底粉碎了。

以康有为、梁启超为代表的资产阶级改良运动，在甲午战争后，由于民族危机的刺激而得到了发展。变法维新的思想一时传布全国。上海、湖南和广东成了维新运动的三个中心。四川虽然僻处西南，但变法维新的思想也极为流行。当时四川有这样一个传说：乙未科殿试的时候，清帝光绪要大家不拘陈例，直言无讳。骆成骧就根据这个精神投机取巧，他写的殿试对策，不仅摭拾了一些变法维新的词句，而且还打破了以往对策文章的规格。光绪帝一看，认定是康有为写的，便把他点为状元。等到打开密封，才知道写这篇文章的并不是广东的康有为而是四川的骆成骧。骆成骧中状元的传说，助长了“新学”在四川的流行。不但那些真正热心于维新的志士较前更为积极了，就是那般追逐利禄之徒从此也不得不学点新东西，以便猎取功名富贵。从前的尊经书院是最尊崇汉学的，现在却大讲其“新学”了。以后在戊戌政变中牺牲的所谓“六君子”中，就有杨锐和刘光第两个四川人（虽然他们两个的思想在维新派中最为保守），这并不是偶然的。

我开始接触“新学”，也是在这个时候。我的二哥最喜欢买书，他于母丧服满之后，仍回成都尊经书院续读。那时成都有一“志古堂”书店，也趁时逐势，大卖新书。于是我二哥便成了它的好主顾。他曾经为买书而负债累累。我那时虽在乡下，但我二哥却能按时不误地把新书寄回来。当我读到康梁（特别是梁启超）的痛快淋漓的议论以后，我很快就成了他们的信徒，一心要做变法维新的志士，对于习八股、考功名，便没有多大的兴趣了。

经过一段时期的酝酿和斗争，至1898（戊戌）年1月，康有为又上“统筹全局”书，系统地提出了他的变法纲领，要求：大誓群臣以定国是；设“上书所”以广言路；开“制度局”以定新制；各省设“民政局”实行地方自治。就是说，要让资产阶级参加政权，要在中国实行地主资产阶级联合统治的君主立宪制度。6月11日，光绪帝颁布“定国是”的诏书，表示决心要实行变法，这样就开始了昙花一现的“百日维新”。从这时起，光绪帝又连续颁发了许多诏书，自上而下地预备实行一些资产阶级的改良。这些措施概括起来，约有如下数端：（1）兴办学堂，首先筹办京师大学堂（就是北京大学的前身）；（2）变更科举办法，选拔新人才；（3）开放言路，鼓励上书；（4）发展实业，保护并奖励农工商业；（5）裁汰繁冗的机构，整顿腐败的军队。由于光绪帝当时只是表面上的皇帝，一切实权都操在顽固守旧派西太后及其亲信荣禄等人的手里，因此上述那些措施，并未认真地贯彻施行。当变法维新日益威胁到顽固守旧派的切身利益时（例如裁汰机构就会夺去许多顽固守旧分子的饭碗），他们不但要起来扑灭维新派，而且还要干脆把光绪帝的帝位废掉。为此他们布置了天津阅兵的阴谋，准备于10月间请光绪帝同西太后一起去天津“阅兵”，乘机发动政变。光绪帝见情势紧急，乃密诏康有为等设法。康有为等有什么办法呢？康本人顶多算是一个皇帝的顾问，梁启超实际只管一点翻译的事情，至于四个“小军机”（谭嗣同、杨锐、刘光第、林旭以四品京卿在军机处任职，时称“小军机”）也不过是四个小秘书而已，既无兵，又无权，怎么能干“勤王”的大事！不得已只好求救于握有兵权的袁世凯。但袁乃无耻小人，他立即向荣禄告密。9月21日，西太后于囚禁光绪帝之后，再度亲政。康梁被迫流亡，“六君子”（谭嗣同、杨锐、刘光第、林旭、杨深秀、康广仁）惨遭杀害。这就是史称的“戊戌政变”。至此一百零三天的维新局面完全结束了。

“百日维新”的失败，证明了改良主义的道路在中国是走不通的，从而促使许多知识分子走上了资产阶级革命的道路。这次变法在中国近代历史上有其一定的积极意义。“戊戌变法”的那些措施，虽然是微不足道的，但在当时却曾经震撼人心。我是亲身经历过的人，所以感受得特别深刻。那时我正在四川自（自流井）贡（贡井）地方的旭川书院读书，由于热心于变法维新的宣传，人们给了我一个外号，把我叫做“时务大家”。当变法的诏书一道道地传来的时候，我们这些赞成变法的人，真是欢欣若狂。尤其是光绪帝三令五申地斥责守旧派阻挠上书言事，更使我们感到鼓舞，增长了我们的气势，迫使那些反对变法维新的守旧分子哑口无言。现在看来，我们那时对光绪帝的迷信，是何等的幼稚可笑，但在当时，尤其是在我的家乡，我们的思想要算是最进步的了。我们在书院里占了上风就表明进步思想在那里占了上风。可惜好景不长，很快“戊戌政变”便发生了，“六君子”也被杀了。守旧分子立刻向我们反攻。他们嘲笑道：“早说不对吗，要杀头哩!”但我们并不气馁，我们引谭嗣同的英勇事迹来回击他们。谭在就捕之前，曾有日本人劝他去避难，但他谢绝了，并慷慨地说：“各国变法，无不从流血而成。今日中国未闻有因变法而流血者，此国之所以不昌也。有之，请自嗣同始。”谭嗣同的精神鼓舞了我们，使我们在守旧派的面前不肯屈服。但是中国的旧势力毕竟太强大了，几千年的封建传统，束缚着人们的头脑，窒息着人们的呼吸。变法维新的失败使守旧顽固势力更是嚣张。不但维新期间的一切措施很快被摧残净尽，就是任何一点小的改革也遭到顽强的抵抗。关于我侄女缠足的事情可为一例。在此之前，上海已成立了天足会，我和我的二哥便成为反对缠脚的激进分子，我的大哥（吴永梣）也同情我们，但是在维新派的失败声中和守旧势力的包围下，我的大嫂却无论如何也不听我们的话，竟自把她女儿的脚给缠上了。唉！变什么法？维什么新？就在自己家里也行不通啊！这真使我感到痛心。其实，这不简单是一个家庭里的问题，也不简单是一个放脚的问题，这乃是一场严重的新旧的斗争。在当时新旧势力对比的条件下，要求像我大嫂那样的人也赞成放脚，简直是不可想象的事。但是这种情况，随着社会的发展是会改变的。1903年我到日本以后，我的女儿又届缠足的年龄了，我妻写信来说要给她缠脚，我立刻写信回去严厉地反对，于是我女儿那双刚刚缠上的小脚，居然得到了解放，她便成了我家乡第一个不缠脚的女人。这一行动在开始虽然也曾遭到亲友们的非笑，但因我坚决不动摇，随后也就有些人跟着来学了。

这说明要移风易俗，既要具备先决的客观社会条件，也要有人敢于出来带头，勇敢地向传统势力斗争，二者缺一不可，否则都是不可能成功的。

三、余栋臣起义。义和团运动

戊戌变法失败之后，不久又发生了义和团运动。义和团运动是太平天国革命失败后规模最大的一次农民革命运动，它主要的锋芒是反对帝国主义，特别是那些披着宗教外衣的侵略者。中国人民并不是一般地反对宗教，他们所反对的只是那帮假借上帝的名义来为非作歹的人。十九世纪各资本—帝国主义侵略中国的时候，常常以传教士作为它们的先锋，以教堂作为它们的据点。随着帝国主义在中国的得势，许多不法的外国教士更是凶焰万丈，许多中国教徒也都仗势欺人，教堂的权势俨然凌驾于中国官府之上。一般群众与教徒发生争执，打官司没有不输的。外国教士可以自由出入官府，无耻的清朝官吏一见他们就卑躬屈节，视同上司。教堂本身往往也就是大地主和大债主，它对农民进行的地租和高利贷剥削，其苛重程度更甚于中国的封建地主。由于这种种原因，中国人民（尤其是农民）对外国教会侵略势力恨入骨髓。因此，中国人民的反帝斗争就常常以反教斗争的形式表现出来。从六十年代起，全国各地不断发生的所谓“教案”，其实都是广大人民反对外国教会侵略势力的斗争。这种斗争自1870年在天津遭到残酷镇压以后，曾一度稍为低落，但到九十年代，又复高涨起来。特别是甲午战争以后，日益加深的民族危机，更刺激了这种反帝斗争的发展。

四川人民反对帝国主义教会侵略势力的斗争，是有着长期的历史的。1863年，重庆人民首先掀起了反教斗争（即所谓第一次“重庆教案”）。1868年，酉阳人民在反对教会侵略势力的斗争中，伤亡达千人以上，可见其规模之浩大（这就是轰动一时的所谓“酉阳教案”）。其后斗争仍时起时伏。至1890年以后，便爆发了著名的余栋臣起义。余栋臣是四川大足县的一个贫苦农民，年轻时气力过人，好打不平，人称“余蛮子”。在1890年8月的一次灵官会上，因教堂无理捕人，引起了群众的公愤，他便率众起事。后来他虽曾被官兵捉住，但起义群众却把他从荣昌县的监狱中救了出来，并趁势抓了一个法国教士。从此起义更形扩大，不但屡次打败了清朝军队的围攻，而且一再击破了敌人诱降的诡计。起义军到处受到人民的欢迎，川东南数十县乃至湖北边境都曾受到它的影响。但是，由于没有正确思想的指导，起义领袖——那些从前的哥老会头目逐渐趋于腐化。不用说地主出身的人现出了原形，就是贫农出身的余栋臣，后来也蜕化变质。这样，他们就脱离了广大的农民和手工业者，失去了依靠的力量。因此，至1899年初，起义终于被清朝的反动军队所击败，余栋臣亦被生擒。

和四川一样，湖北、湖南、广东、广西、山东、江苏等省人民的反帝斗争，在甲午战争以后，也日趋高涨。义和团运动正是在全国人民反帝斗争的基础上爆发起来的。义和团原名义和拳，是一种民间的秘密结社，具有浓厚的神教迷信色彩。因为当时德国对山东的侵略格外凶残，而且1898—1900年山东又连续遭到水旱灾荒，所以义和团运动首先在山东爆发。那时它的领袖叫朱红灯，它的宗旨是“反清复明”和“仇洋灭教”。山东巡抚毓贤，本是一个屠杀人民的刽子手，他当曹州知府的时候，曾经在一年中屠杀了两千多名大刀会众。但结果他不仅没有把大刀会杀绝，反而差一点被大刀会杀死。义和团初起的时候，他坚决镇压；镇压不成，便转而利用。后来清朝统治者终于把义和拳改为义和团，作为官办的团练，又把义和拳“反清灭洋”的宗旨改为“扶清灭洋”，想借排外以转移人民革命斗争的目标。当时中国人的排外思想是相当普遍的，人们只知道外国人可恶，也分不清到底谁可恶、谁不可恶，以为排走了外国人，中国就安静了。西太后是这种见识，她手下的许多官员是这种见识，老百姓也是这种见识，只是西太后和她的官员们不敢出头，想让赤手空拳的老百姓去出头罢了。所以义和团能够被利用，并不是难于理解的。

毓贤利用义和团的做法引起了帝国主义的不满。帝国主义强迫清朝政府把他撤职。清朝政府顺从了帝国主义的意旨，把他调往山西，改任袁世凯为山东巡抚。义和团在山东虽因袁世凯的残酷镇压而遭到挫折，领袖朱红灯也被杀死；但到1900年，它却由山东向河北发展，并且很快便发展到天津、保定，乃至北京附近。义和团在反动统治的中心京、津、保地区，到处袭击教士，焚烧教堂，吓得清朝政府和帝国主义都束手无策。

在这种情况下，阴险的清朝统治者西太后，便一面听从毓贤等的计谋，向各国“宣战”，让手执戈矛的义和团去抵挡帝国主义的枪炮；另一面又暗中向帝国主义疏通，说“宣战”完全出于“匪徒”的逼迫，请求它们谅解。于是，帝国主义便组织了“八国联军”，以“保护使馆”和代清朝政府“剿匪”为名，对义和团直接进行镇压。帝国主义的进攻，遭到义和团的坚决抵抗。无论在天津、在杨村、在廊坊、在张家口，侵略军都曾受到严重的打击。八个帝国主义集合了四万人以上的现代化军队，费了几个月的时间，也不过才攻占了东至山海关、西至张家口和南至正定的几条交通线。它们慑于义和团的声势，虽然杀到了山西边境，却始终不敢进入太行山。

但是，无耻的清朝统治者西太后，当帝国主义打到北京的时候，即仓皇地逃往西安，并派大汉奸李鸿章为全权代表，向帝国主义屈膝求和。这样，帝国主义和中国一切封建势力集团又重新结合起来了。在它们的联合进攻下，义和团终于遭到失败。

李鸿章是一个彻头彻尾的洋奴买办，他本来就不赞成西太后、毓贤等利用义和团来反对他的外国主子。当义和团运动在北方盛极一时的时候，刘坤一、张之洞、李鸿章、袁世凯等重要督抚，却与帝国主义勾结，拒不执行清朝政府对外“宣战”的命令，而在东南各省和山东实行“中立”以“自保”。

帝国主义组织八国联军侵入中国，本想实现它们瓜分中国的阴谋，义和团的坚决抵抗，使它们看到由帝国主义来直接统治中国，绝不可能，因而认为“瓜分一事，实为下策”，“治中国须以华人，无他术也”。同时帝国主义之间也充满了矛盾，它们为抢夺中国的权益，在占领北京的一年多时间内，有好几次都几乎火并起来。最后它们得到了共同的结论：还是让中国在形式上保持独立，让清朝政府来替它们继续统治中国。

就是这样，李鸿章等才得以和帝国主义举行谈判，并于1901（辛丑）年9月签订了卖国的《辛丑条约》。这一条约，极为苛刻，它规定清朝政府要严惩那些敢于公然“排外”的官员；要严禁人民的“排外”活动，并让帝国主义军队驻守北京、天津、山海关之间的重要城镇；此外还要以四亿五千万两银子的巨款来赔偿它们的所谓“损失”，并以关税、盐税等作抵押。

“八国联军”的侵入北京和《辛丑条约》的签订，使一切具有爱国心的中国人，都感到非常耻辱和痛心。在蒋观云主办的《选报》上曾经登了一首诗，其中有这样沉痛的两句：“伤心又是榆关路，处处风翻五色旗（指帝国主义的旗帜）”，我读了极为悲愤。义和团运动在我的家乡也有影响，那时我家乡一带的红灯教也活跃起来了。我有一个侄子也曾经参加。他每天和他的同伴们练刀练枪，说什么“红绫一闪，闪动天兵，神仙就要下凡了”。我当时已经受到“新学”的影响，多少有一点科学知识，因此对他们那种封建迷信的说法感到可笑；但是，对他们打教堂、反洋人的革命精神，却又异常钦佩。正是由于这种矛盾的思想，再加上我当时还处于四民之首的“士”的地位，所以，我对他们的运动采取了旁观的“中立”态度。我当时看到了义和团运动的落后方面，但却不了解产生它的原因和克服它的办法；更不了解义和团运动的形式虽然落后，而在这种广大农民群众的正义斗争里面，却蕴藏着极其深厚的革命力量。要完全明白这些道理，必须要有马克思主义。在当时的条件下，对义和团运动的深刻意义，我自然是无法理解的。不过，无论是余栋臣起义也好，或者是义和团运动也好，它对我以后的革命活动，都曾经发生过有益的影响。在辛亥革命前夕，我积极地参加联络会党、组织共进会的工作；在第一次大革命和第二次国内革命战争时期，我比较注意农民土地问题的研究，都是和这种影响分不开的。长期的革命斗争经验使我逐渐地懂得：一个革命者对于广大人民群众的革命运动（哪怕它表现得极其幼稚乃至相当落后），必须像毛泽东同志所教导的那样，既不应加以阻挠，也不可站在旁边指手画脚地加以指责；只有抱着满腔的热忱，积极地投身到群众斗争的洪流中去，勇敢地用正确的思想引导群众前进，才能使革命斗争得到胜利。只有这样，才是唯一正确的态度。

四、浮槎东渡

戊戌政变以后，我对于“新学”的兴趣不仅毫未降低，反而更为浓厚了。除继续阅读新的报刊外，并开始读《天演论》之类的著作。《天演论》所宣扬的“物竞天择”“优胜劣败”等思想，深刻地刺激了我们当时不少的知识分子，它好似替我们敲起了警钟，使我们惊怵于亡国的危险，不得不奋起图存。当然，《天演论》用生物界的进化原理来解释社会现象，是完全错误的，所以它的这种思想后来被帝国主义利用和发展，作为侵略弱小民族的理论根据。可是，在二十世纪初年的中国，《天演论》的思想，的确曾起过一时的积极作用。某一种思想在不同的历史条件下，会发生不同的作用，对于这一点，研究历史的人是不可不加以注意的。

1900年和1901年，我在本县县城的一家大地主家里教书。1902年，我又到威远继续求学。这时，《新民丛报》《新小说》等都已出版，我非常爱读它们。在当时，读书人总是要参加科举考试的。我虽然对科举考试已经没有什么兴趣，也不得不去参加。不过这时的考试办法已经有些改变。从1901年起，开始废除八股，改考策论。于是，我便把学到的“新学”，尽量地塞进考试的文章中。那时要考取一个秀才，必须经过县考、府考和院考。“县府两考”每次考五场，差不多要半个月的时间。这对童生们说来，简直是一场灾难性的折磨。1902年，我去参加考试，县考和府考的成绩都很好。有一场府考还得了第一，阅卷的人在我的文章后面写了一段很长的批语，最后两句是：“此古之贾长沙，今之赫胥黎也。”过院考的时候，因为我是府考最后一场的第二名，被列为“堂号”（前十名称堂号，是学政必看的卷子），但我的文章写得太长，到交卷的时候还没有写完，因此便落第了。我的亲戚朋友都为我叹息不止，而我自己却并不感到多么难受。现在看来，这恰是一件好事，它促使我走上了革命的道路。我有一个好朋友，名叫周先登（克群），他本来对“新学”也很热心，在当时也是先进人物，就是因为他原是一个秀才，第二年（癸卯）又考中了举人，随后还到开封去参加了中国最后的一次会试（这次他虽没有考上，但以后也同那些举人、进士一样被送往日本留学），从此，他的思想就渐渐地走向反动（由于一味崇拜康梁的改良主义而反对革命）了。

考试不中，我求新知识的心愈切。这年的12月，我便到泸州去考经纬学堂（后改为川南师范学校）。这个学堂是由周孝怀（善培）创办的。周是一个极善于投机取巧的官僚政客，他由清朝政府派到日本去学警察，回国以后，便替清朝政府在四川大办其所谓“新政”。这些“新政”，并不是兴利除弊，而是兴害作弊。四川人用“娼、场、厂、唱、察”（娼是“官娼”，场是“劝业场”，厂是“制革厂”，唱是“戏园”，察是“警察”）五个字就给他概括了。当时经纬学堂的校长是周的老师、我们荣县的一个翰林赵熙，赵虽负有诗名，但思想却非常顽固。在周善培的影响和赵熙的主持下，经纬学堂极其腐败，挂的是“新学”的羊头，卖的是“旧学”的狗肉。它竟把《仪礼》(西阶上，阼阶下，等等）当作一门课程来教学，不惜繁琐地大讲其封建的礼教，真是无聊之至。为了装点门面，也教点英文，但一个星期才教六个字母，简直把人气坏了。看到这种情景，我只住了十多天便愤而弃学回家，从此再也不想在四川上什么“新式学堂”了。

正当我在家里感到前途渺茫的时候，1902年底，我二哥从成都回来了。这时他已与黄芝等人办好了自费到日本留学的手续。听到可以自费留学，我兴奋极了，也想跟着他们去。这时我刚结婚六年多，已有一个不到五岁的女儿和一个不到三岁的儿子，妻贤子幼，实在不忍分离。但是，为了挽救祖国的危亡，为了争取自己的前途，我没有因儿女私情动摇上进的决心。我大哥替我们筹措留学经费，费尽了心血。他为此不惜变卖田产，也只凑到银子二百余两。但是，钱少也挡不住我们远行。我们于是这样计划：我第一步先随他们到上海；第二步再设法去日本。

1903年2月9日（夏历正月十二），那时还是元宵期内，到处锣鼓喧天。当人们正在兴高采烈、欢度春节的时候，我们一行九人，好像唐僧取经一样，怀着圣洁而严肃的心情，静悄悄地离开故乡，挂帆而去。这时，重庆以下的兴隆滩，刚刚塌崖不久，川江航行还很危险，但我们却毫不在意。我们当时正是满怀壮志，一片雄心，不怕任何危险。结果一帆东去，首先顺利地到达了宜昌。当船过三峡的时候，看着祖国无限神奇美妙的江山，同舟的人都大发诗兴。于是便以“东游述志”为题，写诗以抒怀抱。记得我写的诗中有这么两句：“莫谓东方皆落后，亚洲崛起有黄人。”我当时的思想，不仅没有阶级分析的观点，而且在康梁的影响下，总觉得中国应该学习日本，走明治维新那样的道路。不过，我对西方帝国主义却并不那么崇拜，而对中国的前途则充满了信心。到宜昌以后，我们改乘轮船。在轮船上我们结交了一位“同路人”——后来四川著名的立宪党人之一的邓孝可。邓本是重庆一家火柴公司的老板，这次是到日本去买机器的。既然“同舟共济”，彼此便慢慢地攀谈起来。由于思想上有许多相同之点，我们一路上倒也谈得颇为投契。他约我到日本以后，一定和他一起去横滨拜望梁启超，我也就答应了。但是，我们自从在上海分手之后，他一直沿着改良主义的道路走下去，后来一到日本就拜在梁启超的门下，终于成了反对革命的立宪党人；而我却与他分道扬镳，走上了革命的道路，从此便结束了我们那段共同的路程。

我一到上海，便打听到留学日本，花费并不很多，因此改变了原来的计划，决定同我二哥他们一直前去日本。这样，我们在上海没有停留多久，就换轮东渡。但是，就在这短短的十数天内，我却有很大的收获。在此以前，我还只知道康有为、梁启超他们那一套改良主义的思想；到上海以后，我即开始接触到孙中山、章太炎他们关于资产阶级革命的宣传；虽然知而不详，但稍一比较，就觉得革命的道理更为充分。于是，我对康梁的信仰便一落千丈。

在从上海到日本的航程中，我又认识了一位福建的林宗素（女）。我们刚从闭塞的四川出来，看到女子出洋留学，本来就已觉得新奇，而她那滔滔不绝的言词，说的又全是些革命的道理，更使我感到佩服。这样，我无形中感受到了时代的脉搏，革命的思潮便把我头脑中原来那些改良主义的思想冲淡了。

1903年3月，我们到了日本。路过横滨时，看梁启超的念头早已没有了。我们一直到了东京。这时，中国革命的潮流又开始上涨，留日学生和全国人民一道，正在为反对沙俄帝国主义强占我国东北的领土主权而斗争，这就是著名的拒俄运动。我到东京后，立刻参加了这个斗争。从此，开始了我生活史中新的一章。

五、一九〇三年的拒俄运动

当1900年帝国主义八国联军攻占北京之际，沙俄帝国主义乘机侵占了我国的东北三省，直到1902年末与1903年初，它还不肯按照协议撤兵。这样便引起全中国人民的愤慨，拒俄运动于是兴起。在国内，北京京师大学堂学生曾举行集会和上书请愿；上海各界人士也在张园开拒俄大会，并通电全国促请各界人民一致奋起。在国外则以留日学生的拒俄运动，最为轰轰烈烈。我于1903年3月到日本，正赶上这个运动的浪潮。记得在锦辉馆开留学生大会的时候，群情激昂，一致通过成立拒俄学生会，并推派汤尔和、钮永建（这两人后来都成为依附军阀的官僚政客，汤并且无耻地当了汉奸）回国向袁世凯请愿，希望他出兵拒俄。袁世凯这时刚刚继承了李鸿章的衣钵，正秉承着清朝反动统治者西太后的意旨，倾心媚俄，天真的学生们竟去向他求助，何啻与虎谋皮？汤、钮回国后，袁世凯拒不见面。这更使留日学生们感到愤怒。于是便有拒俄义勇队的组织，随后又把它改组为军国民教育会，请士官学校的学生蓝天蔚、方声涛二人来教练军事，想学点真实的本领，将来好直接去效命疆场。清朝政府的驻日公使馆对留学生的拒俄运动极力破坏，说它“名为拒俄，实则革命”，要求加以镇压。以此，蓝天蔚、方声涛后来还受到了清朝政府的处分（他们两人都是官费留学生）。

这一运动，一直延续了很久。直到1904年2月日俄战争开始后，人们由于对沙俄的痛恨，还把同情寄予日本方面，听见日本打了胜仗，大家都很高兴。现在看来，这是多么幼稚可笑！两边都是帝国主义，都是侵略中国的敌人，为什么还有厚薄之分？日本正是利用了中国人民仇恨沙俄的心理，才迅速地在中国东北境内取得很多胜利；而沙俄也正是由于在国内外都遭到人民的反对，所以才被一个比它后起的小国打得落花流水，承认失败。由此也可以看到人民的意志是绝不可轻侮的。

我开始参加拒俄学生会，并不是基于高度的政治觉悟，只是看到大家都参加，自己也就随着大流参加了。以后参加军国民教育会也是如此。我虽然不是很自觉地参加了这一运动，但这一运动却在我的生活中掀起了巨大的波澜，把我推入了革命的洪流。当锦辉馆的会上发出拒俄学生会的签名单时，我和我的二哥毫不犹豫地立刻签了名，但我们的那位老友黄芝及随从他的几人却不肯签名，而且对我们的签名非常不满。他既比我们年长，又比我们有地位（他在1902年考上了“优贡”），而我们又几乎是由他带领出来的，因此他便隐然是我们的家长一样。这位“家长”当时很崇拜康梁（他因此以后也成了立宪派），只赞成作点“文明的改良”，怎么能允许他的“家人”去参加轰轰烈烈的革命运动呢？不过，我们既已参加，他也无可如何。于是他便写信回家，说我们不听从他的意见，参加了革命。

这一下可了不起，我的亲友们听到这个消息，即大为惊扰，说什么参加了革命，纵不掉头，怕也永世回不了家。幸喜我的大哥同我的妻子一向认为我们弟兄二人忠诚老实，决不会做任何于国家人民不利的事情，因此还不算十分惊惶。当我大哥把这一情况写信告诉我的时候，我气愤极了！黄芝这样的人，居然做出这样的事，我当时实在大惑不解。（现在看来，既然政治路线相反，他的做法虽然很不光彩，但却是毫不足怪的。）不过这样一来，倒真的把我逼上了“梁山”。我当时心想：“反正回不了家，干脆就在外边搞革命吧。”

我的走上革命道路，认真地分析起来，更重要的原因还是时代思潮的发展对我所起的影响。在戊戌变法前后，特别是戊戌变法以前，康梁的改良主义思想曾经风靡一时，而且确曾起过一些积极的作用。但自义和团运动特别是唐才常自立军起义失败以后，康梁的思想影响随着他们政治威信的下降而逐渐削弱了。本来，唐才常的自立军起义，从保皇会直到兴中会各派都曾参加。但自起义失败后，革命派和改良派的分化即趋明显。而康有为由于私吞起义军费，受到革命派的指责，弄得声名狼藉。从此以后，章太炎等所倡导的反满复汉的民族革命思想日益盛行，慢慢地成为时代思潮的主流。

1902年4月，章太炎等发起和举行“支那亡国二百四十二周年纪念会”，表示坚决反对清朝政府的反动统治。这时，《苏报》也开始了革命的宣传；随后，《浙江潮》《江苏》等鼓吹革命的报刊也相继问世；至1903年夏，邹容的《革命军》出版，革命的旗帜就更为鲜明了。邹容以无比的热情歌颂了革命，他那犀利沉痛的文章，一时脍炙人口，起了很大的鼓动作用。虽然由于时代和阶级的局限性，他所宣扬的革命还只是基本上的资产阶级民族主义革命加上一点点的资产阶级民主主义革命，而且其中尚有不少狭隘与偏颇之处；今天看来，当然是早已过时的了；但在当时，他这本书的出版，对人们从资产阶级改良主义思想跃进到资产阶级革命思想，却起了很大的推动作用。因此，它的历史意义是不可泯灭的。与此同时，章太炎除在《苏报》上介绍了《革命军》外，还发表了一篇《驳康有为论革命书》，直截了当地把康梁之流奉为神圣的光绪皇帝称为“载湉小丑”，也打击了改良主义，提高了革命思想。从此，改良派的思想阵地日益缩小，革命派的思想阵地日益扩大。我在去日本的途中，就已经呼吸到了革命的空气；到日本以后，又受到了更多的革命思想的影响，而且还参加了拒俄学生运动；这样，改良主义思想在我头脑中就逐渐丧失了地位。正因为如此，所以黄芝写信回家说我参加了革命，不但未能使我发生恐慌，反而更加坚定了我参加革命的意志。我一怒之下，马上将头上的辫子剪了，以示永不回头的决心。当时在留日学生中，剪了发的人固然很多，但留辫子的人也还不少。例如许多士官学校的学生，就留着半边头发，并用帽子把它盖着呢。由于经过了这许多的变化，所以当我读了邹容的《革命军》等文章以后，我在思想上便完全和改良主义决裂了。

六、在成城学校

我们刚到日本的时候，中国留日的学生还不多，总共不过千人左右；四川人更少，在四川同学欢迎我们的会上，宾主合计也只有大约三十人而已。大家都感到有发动家乡人出来留学的必要，遂决定写一篇《劝游学书》。同时又向四川提学使方旭去信建议：每县以官费派一二人到日本学速成师范，以便回国创建新式学校；并请各县酌量资助自费留学生。《劝游学书》和那封信都是黄芝起草的，信中有两句说："庶几，东海涸鲋，得杯水而亦苏；万里飞鹏，遇雄风而愈奋。"意思是要方旭对自费留学生也给以经济上的援助。这两个文件对四川人到东洋留学，起了很大的作用。方旭为人还比较开明，鉴于大势所趋，对我们的建议表示赞成，于是即决定由各县出钱派遣一二名学生到日本留学。四川地方很大，计有一百余县，每县都派留学生，而且还有自费生随之而来，这样，从1904年起，四川留日学生顿时大增，最多的时候达二三千人。我们劝游学的办法，其他各省也有不少仿效的。特别是1904年以后，科举停止，全国各地纷纷开办学校，急需教师，于是各省各县都派人到日本进速成师范，因此留日学生增加更多。至1905年，中国留日学生总数达万人以上。

既到日本留学，进什么学校呢？这是一个大问题。我二哥决定入六个月毕业的弘文师范，而我却想多用一些时间，从中学起读到大学，学习理工科。当时四川人在日本成城学校学理工科的只有毛沛霖、张师孔二人。他们对我说："要学理工，必须先打好科学基础"，劝我千万别进一般的私立学校，因为日本有些私立学校办得很不好，学不到什么东西。并说："如果能进成城学校就好了。"在此以前，成城学校是日本士官学校的预备学校，只收很少的文科学生。这时日本已办了一个专收日本人的陆军幼年学校，作为进士官学校的预备；因此，成城学校就要改为五年制的中学并要停收中国学生了。他们两人认为成城学校纪律很严，学习又好，因此对它停收中国学生，非常惋惜；我听了也有同感。于是便请他们去和校长商量：请“成城”照以前一样继续为中国人开办二年半的速成中学班，专办文科。校长同意了。但至少要有二十人才能开班。我为组织这二十个人费了许多气，有几次眼看就要成功又垮台了。但是，我并未因失败而灰心，结果还是找到了二十多个人，组成了一个班，使学校终于继续办了起来。这个学校的确办得很好。功课很严，学生全部寄宿，只有星期三、六的下午和星期日才许外出。教员很强，教学也很认真。记得有一个数学教员，是高师的研究生，教得很好。他使我感到有经验的老教师固然很宝贵，而既有热情又有学识的青年教师也同样可爱。在他的教导下，我的数学成绩很好，我做的题解，差不多和讲义一样。由于学校要求严格，日本中学五年的课程，我们以后用二年半的时间就学完了，而且还学得很实在。“成城”的某些有益的经验，我一直不曾忘记，我觉得它是符合教育学原则的。“教不严，师之惰。”中国自古以来就了解到必须先有“严师”然后才能出“高足”的道理，现在办教育的人也还是应该注意这一条的。“成城”的第一班办起来了，人们看见不错，跟着来的就多了。从此以后，“成城”经常有几百人。前前后后从这个学校出来的数以千计。

为了给中国人进士官学校做准备，日本政府专门办了一个振武学校，只收中国学生。振武学校和士官学校都是官费。与此同时，日本的在野党又为中国自费学军事的学生办了一个私立的东斌学校。此外，当时东京还有一个法政大学，中国的留学生也很多。1904年在开封参加中国最后一次会试的举子，无论考上进士没有，由于在国内没有出路了，差不多都到日本来进了这个学校。所以这个学校的学生大都是上层官僚的子弟。“五四”时代著名的亲日派章宗祥、曹汝霖等人都曾住过这个学校；大革命时期的著名右派胡汉民以及抗战时期的头号汉奸汪精卫，这时也在这个学校里学习。

在“成城”上学期间，虽然功课很紧，但我并没有停止过革命活动。我既是成城学校第一班的班长，又是留学生会馆负责招待联络的干事，因此，无论校内校外，社会活动都是很多的。那时和我经常来往的人，如我二哥在“弘文”的同学——江苏的侯鸿鉴、浙江的经亨颐等，也都很关心国事。侯曾经写了一首词，其中有这样两句：“东亚风云，大陆沉沉。鹰瞵虎视梦魂惊。”我们大家都很欣赏。其实，这两句词的文采并不怎么样，我们之所以喜爱它，正表明我们当时对祖国的前途充满了无穷的忧虑。1903年6月，“《苏报》案”发生，章太炎、邹容等在上海被捕。接着，爱国学社也遭解散，该社的余睡醒（遂辛）等人来日本入了成城学校。爱国学社设在上海，为蔡元培、章太炎等人所主办，是当时国内最重要的一个爱国团体，那里聚集了不少的革命青年。他们有的在学社解散后来到日本，成了革命活动中的积极分子，余睡醒便是其中的一个。我们朝夕相处，一起进行革命工作，以后便成了很好的朋友。

在“成城”上学时期，我的经济情况是很困难的。我们带出来的钱，经过1903年我和我二哥两人的花费，到1904年初我二哥回国的时候，已经差不多用完了。因此我常常拖欠学校的学费。同学们看到这种情形，便要替我向县中去申请官费。以我当时的条件（到日本较早，又是“成城”第一班的班长；学习成绩也较好；而且家庭经济又确实困难），如果大家替我一个人去申请官费，获得批准是不成问题的。但是，我从小就受到“临财毋苟得，临难毋苟免”的教育，因此坚决地谢绝了同学们的好意，宁愿把官费让与别人。为了培养一名学军事的学生，我提议给我县的罗厚常一人去申请，大家一致同意，结果得到了批准。经过这件事情以后，同学们对我更加了解，我和大家的关系也更加亲密了。而且学校当局对我也很好，见我在同学中有威信，不但不来催我交学费，还照常按月地发给零用钱。当然，在这种情况下，我也更加自觉，只要家里的钱一寄到，我便首先去交学费。这样时欠时交，在同学们的帮助和学校当局的照顾下，居然一直维持到毕业而未曾中辍过学习。由此可见，一人若能顾大家，大家也一定能顾这一人。相反，一切自私自利者，都常以损人始而以害己终。违背群众利益的人是永远不会有好下场的。

学校当局对我个人虽然很照顾，但我却并没有因此而放弃了应该进行的斗争。记得是1904年的元旦，学校悬挂的万国旗中竟没有中国的国旗，中国同学一时大为愤慨，我便领导大家坚决斗争，向学校当局提出：若不道歉和纠正错误，我们便不上课、不吃饭。学校当局对我说："我们对你这样好，你为什么领着大家来反对学校呢？"我说："学校对我好，我很感谢，但是，对于国家荣辱的大事，我们是不能不誓死力争的呀！"学校当局无法，只得在我们团结一致的力量下屈服。

日本帝国主义对中国留日的学生，一向采取拉拢和收买的政策，而留日学生中也确有一些不肖之徒，见利忘义，以致被它软化，有的后来竟至当了卖国的汉奸。一个人是否把国家民族的利益看得比个人的利益更为重要，是决定这个人能否坚持民族气节的关键。我从来把民族大义看得至高无上，所以，一碰到日本帝国主义侮辱中国的事情，便马上抛弃了过去对它比较友好的感情，转而和它斗争。从这件事情以后，再经过1905年反对“取缔清韩留日学生规则”的斗争，我对日本帝国主义的仇恨随着它对中国侵略的加紧而与日俱增。为打倒日本帝国主义、争取中华民族的生存而进行的斗争，在我以后的生活史中占着极其重要的地位。

七、一九〇五年的反美运动

美国帝国主义虽然比其他一切帝国主义国家都更加狡猾和阴险，但是，它的侵略政策还是到处遭到被侵略者的反抗。尽管中国人经过了几十年的岁月，才把美国帝国主义的侵略本质认识清楚；但中国人民一经觉醒以后，就发挥出无比巨大的力量，把它和它的走狗，像清除垃圾一样，彻底地扫出了中国大陆。现在，亚洲、非洲和拉丁美洲的人民也正在觉醒，尽管美国帝国主义还会继续耍许多花招，他们的斗争也还可能出现许多曲折，但是，毫无疑问，在有了中国的经验作借鉴以后，在当前更加有利的世界形势之下，它们的胜利是一定不需要经过漫长的时间了。世界上最后的一个最强大的新殖民主义国家美帝国主义，现在正面临着它的由历史客观法则所决定了的末日。

在中国人当中，曾经有些人，特别是那些和美国帝国主义及其走狗有联系的人，或者是受过美国教育在思想上或生活方式上受它的影响较深的人，是长期受过美国帝国主义的欺蒙的。但是广大的人民，特别是那些直接受着美国帝国主义的剥削和欺侮的劳动者，却一直在不屈不挠地进行着反美爱国的斗争。中国人民的反美爱国斗争有着长期的历史和丰富的经验，例如1905年的反美运动，便是一次具有全国规模的声势非常浩大而情况又极其复杂的爱国斗争。

1905年的反美爱国运动，是由于反对美国排斥和虐待华工、要求废止《中美华工条约》而引起的。本来，美国西部的许多金、银、煤、铁矿山和许多铁道、城市建筑，都是华工用血汗开辟出来和修建起来的，所以那里的华侨很多，例如旧金山就有著名的华侨聚居的唐人街。当美国资本家需要劳动力的时候，他们不惜用各种欺骗、利诱乃至拐带、绑架等无耻手段，把大批华工弄到美国去，为他们创造巨额的利润。这种情况，从1868年的中美条约中也可以看得出来。等到资本主义发生危机的时候，美国资产阶级为了转移美国工人斗争的目标，便恶毒地说什么中国工人夺去了美国工人的饭碗，竟提出排斥华工的办法来欺骗美国工人，到处煽动排华事件。1894年的《中美华工条约》，就是在这种情况下签订的。美国在和腐朽的清朝政府订立了具有排华性质的条约之后，更擅自曲解，利用它来加紧对华工的排斥和虐待，同时对一切到美国去的中国人也肆意侮辱。凡是到美国去的中国人，上岸后都得被关在木屋里，像囚徒一样地听候审问。而且常以检疫为名，用烈性药水往中国人的衣物乃至赤裸裸的身上乱浇。至于华侨被殴辱、房屋被烧毁，等等，早已成为司空见惯的平常事情。所有这些，对于中国人的民族自尊心都是莫大的刺激。因此到了1904年华工条约期满的时候，全国各阶层的人民都要求废除旧约，并反对续订新约。

从1904年末起，各地报刊即开始讨论废止《中美华工条约》的问题；接着便有许多揭露美帝国主义虐待华工的文字出现，人们对美帝国主义的仇恨逐渐增长；至1905年春，当美帝国主义准备与清朝政府续订新约的消息传出后，反美爱国运动即渐趋高涨；5月，上海商会决议，如两月内美帝国主义仍不肯放弃其虐待华工、华侨的苛例，则将发起抵制美货的运动，各地反美运动亦相继而起；至7月，两月限期已满，而美帝国主义仍坚持原议，要续订新约，于是人心愤激，立即开始实行抵制美货，运动遂达到了高潮。这一运动以上海为中心，席卷全国，波及海外，规模之巨大前所未有。虽然美帝国主义嗾使清朝卖国政府对运动频施压迫；虽然与美帝国主义有利害关系的买办资产阶级如以汪康年为代表的《中外日报》，一再对运动实行破坏；而以上海商会会长曾铸为代表的资产阶级在发起运动之后又表现动摇，并中途退出了运动；但广大劳动人民，却坚持不懈地进行斗争，终于迫使清朝政府不敢公然和美帝国主义续订新约。中国工人阶级这时虽然还在幼年阶段，但在斗争中即已表现出高度的积极性和顽强性。除参加一般抵制美货的运动外，运输工人还拒运美货；邮政工人也不收美货标本；制造工人更拒用美国原料；而且当资产阶级已经退出运动之后，上海工界于10月底还在豫园开会，继续坚持斗争，从而使斗争获得一定程度的胜利。同时，在民族资产阶级中也有一些比较坚决的分子，例如湖南的商会会长禹之谟，就可作为这些人的代表。由此可以看出：在半殖民地半封建社会的中国，只有工人阶级是最革命的阶级；至于资产阶级，则极其软弱，而且一开始就存在着分化的迹象。

这次反美爱国运动，也曾影响到海外各地。留日学生也有许多人参加了这次运动，其中以四川人为最积极。东京的四川同乡会（主要是留学生），曾在上野公园专门开会，讨论抵制美货的办法，会上决定速与成都、重庆等地取得联络，以便在全川发动抵货运动。后来成都、重庆等地都卷入了这一斗争，这和留学生的活动是有关系的。四川的留日学生为什么特别积极呢？这有它的历史原因。

原来四川是很富庶的地方，但自清朝政府残酷地镇压了明末四川的农民起义以来，四川人口锐减，满目荒凉，天府之国成了人间地狱。从前四川的文化（封建文化）是很发达的，但入清以后二百余年，从未出过一个状元，仅此一端也可见其衰落之甚。可是到了十九世纪末叶，东南沿海一带，迭遭帝国主义的侵略和蹂躏；相形之下，四川倒反而成了比较“安宁”的地方，又逐渐富庶起来。由于生产日益发展，对文化的要求也日益增高，1873—1876年，张之洞在四川任学政的时候，看到这种情况，便特地办了一座尊经书院，一面培养学生，一面刊行书籍，这样一来，四川的文风（封建主义的文风）因之渐盛。这个尊经书院的学生，一开始就有些人好为清议，抱打不平，常爱闹事。其后骆成骧中状元，杨锐入军机，都是由这个学院出身，并以高唱“新学”而取得高官厚禄的。于是“新学”遂一时风靡书院乃至全川。戊戌变法失败后，这群莘莘学子，长期苦无出路，及至科举废止，游学成风，他们便大批地来到日本。这批人虽然多数出身于封建家庭，有其落后和反动的一面，但他们与那些买办家庭出身的人不一样，和帝国主义没有什么联系，所以对反帝爱国斗争较为积极。加以他们来自边陲，乡谊特重，团结性很强；而且还有清议之风，对一切不平的事都爱过问，因此最易卷入各种斗争。这些人经过一些斗争提高了觉悟，以后纷纷加入同盟会，在辛亥革命时期曾经起过相当的作用。不过，这些人的情况也极复杂：真心爱国者固然不少；但有的人却是利用群众运动作为升官发财的阶梯；有的人则是想出出风头；而有的人干脆只是凑凑热闹而已。就是那些真心爱国的人，也多半只有“五分钟的热忱”，表现出小资产阶级知识分子时热时冷、易于动摇妥协的毛病。这种情况，不独四川留学生如此，其他各省的留学生乃至一切知识分子也都一样。现在屈指数来，当时闹得轰轰烈烈的人，真正坚持革命到底的却没有几个。这说明知识分子必须不断地改造和提高自己的思想，才能随着时代不断地前进。

八、同盟会的成立

1905年，不但中国革命运动高涨，整个东方，在俄国革命的影响下，都卷起了革命的浪潮。这种情况，对中国的革命非常有利。日益高涨的中国革命运动，迫切地需要一个比较集中统一的领导机关。在当时的中国，会党、教门之类的组织，显然已经过时，不能担负资产阶级革命的领导责任；而无产阶级政党的产生，那时还根本没有这种可能性；只有资产阶级政党的出现，才完全符合当时的历史条件。而且事实上，那些略具资产阶级政党性质的革命小团体，如兴中会、光复会、华兴会等已先后存在，当时的问题，只是如何把它们联合起来，使其具有更为明确的纲领和更加统一的行动。同盟会的产生，恰好完成了这一历史的使命，因此，它可算得是应运而生的。

在那些革命小团体中，以孙中山先生领导的兴中会成立得最早。孙中山先生，生长于广东香山（中山）县的一个农民家庭，从小就受到太平天国革命的影响，他后来能提出平均地权的纲领，与此不无关系。稍长，他到檀香山他哥哥那里去读书。他哥哥的家庭是个资产阶级的家庭，他住的学校也是资产阶级的学校，这种环境，使他很容易地便接受了西方资产阶级的思想。1894年，他曾写信给李鸿章，劝他做些改良政治的工作，但结果失败了。甲午战争爆发后，他愤恨清朝政府的腐败，便在檀香山组织兴中会，并于1895年联络会党在广州举行起义，从此开始了他的革命活动。而清朝反动政府，也对他严加迫害，在他的名字孙文的文字旁边加上三点水，改作“孙汶”，把他当作海寇来缉拿。但是，随着革命形势的发展，他在人民中的影响，特别是在华侨和留学生中的影响，反而与日俱增。

由于华侨资产阶级在国外受着帝国主义的压迫，与国内封建主义又较少联系，因此它是中国资产阶级中革命性较强的一个阶层，孙中山先生主要地正是代表着它的政治倾向。义和团运动失败以后，孙中山先生的革命活动更趋激烈。1904年，他在制定致公堂章程时，首先提出了“驱除鞑虏，恢复中华，创立民国，平均地权”的主张。这说明他的思想又向前进了一步。

光复会是蔡元培、章太炎、陶成章等人于1904年所组成的一个革命小团体，它极力主张民族革命，代表了江南广大人民长期以来强烈的反满复汉要求。它的这种主张，不但符合广大劳动人民和资产阶级的民族愿望，而且也得到地主阶级中反满分子的赞成，因此它在长江下游和日本留学生中影响较大。华兴会也是在1904年成立的一个革命小团体，由黄兴、陈天华、宋教仁、刘揆一等人所发起，它的成员主要是以留日学生为骨干的青年知识分子，并和会党有相当的联系。它以湖南为基地，代表了那一带开始兴起的资本主义经济发展的要求。无论光复会也好，华兴会也好，都缺乏明确而完备的纲领，更没有严密的组织，而且都受地方性的局限，不足以领导全国日益高涨的革命运动。

1905年7月，孙中山先生由欧洲重返日本。他坚决主张联合全国革命势力，统一所有革命团体，并积极地从事同盟会的筹备工作。8月13日，留日学生在东京富士见楼举行了一个盛大的集会来欢迎他，到会者一千余人，室内室外，阶上阶下，到处都挤得水泄不通。他那富有鼓动性的演说，一再激起人们不绝的掌声，使人们更加明白改良主义的错误，更加相信革命道路的正确。8月20日，同盟会正式成立。其后章程、组织，逐渐完备。至10月，同盟会的机关报——《民报》出版，孙中山先生发表了一篇发刊词，同盟会的纲领和主张，就更加明确了。同盟会在它的章程中，以孙中山先生所提出的“驱除鞑虏，恢复中华，创立民国，平均地权”为宗旨，孙中山先生又在《民报》发刊词中提出了三民主义的主张。这样，同盟会就有了一套比较完备的资产阶级革命的纲领。它不仅明确地提出了要根本推翻清朝政府二百多年来的反动统治，从而和改良主义彻底地划清了界限；提出了要彻底推翻二千多年来的封建君主专制制度，建立中华民国，这又比简单的反满复汉思想大大地前进了一步；而且它还提出了平均地权的主张，想以此来解决土地问题和预防资本主义在中国的发展。当然，预防资本主义发展，是一种主观的幻想，没有科学的根据；但是，孙中山先生之所以提出这种主张，是从关怀劳动者的痛苦生活和同情被剥削者的悲惨境遇出发的。

他的这种主观社会主义思想，在一定程度上反映了中国人民伟大的气魄和崇高的理想。总之，孙中山先生为同盟会所制定的纲领，虽然基本上还只是资产阶级共和国的纲领，可是在当时的历史条件下，具有重大的进步意义。这一纲领，给资产阶级革命派提供了前所未有的犀利武器，使它在和资产阶级改良派的斗争中能够不断地取得胜利。

同盟会的各种组织，是渐次建立起来的。在当时清朝政府极端残暴的统治下，它的活动十分秘密，并且还采取了一些中国过去秘密结社的办法，例如它的一套秘密口号，虽然内容和会党的不同，但其形式就是从会党那里学来的。同时，它主要地还学习了西方资产阶级国家和政党的组织形式，例如它的总部，除总理之外，设有评议、执行、司法三部，这就是学的资产阶级国家的立法、行政、司法三权分立的办法。正因为同盟会有了一套新的政治纲领和组织形式，所以它就和中国过去的一切封建迷信团体——会门、道门之类大不相同，而成为中国最早的比较完备的资产阶级政党组织。

由于我当时在留日学生中，特别是在四川留日学生中，稍微有些资望，所以就被选为同盟会评议部的评议员。这评议部虽说是最高的权力机关，但它的活动却是很少的。这一方面固然是因为环境关系，秘密活动不可过于频繁；

而更主要的还是由于同盟会毕竟是一个资产阶级政党性质的团体，其组织还是相当松懈的。当时，同盟会是以兴中会、光复会、华兴会为基础建立起来的，成分极为复杂，其中包括工农分子（主要是会党中的人）、知识分子、资产阶级分子以及地主阶级中的反满分子，它可算是各阶级联合反满的民族联盟，而以资产阶级居于领导地位，实际上是一种统一战线的组织形式。而且，它原来那几个小团体之间的畛域并未彻底消除，因此，内部的意见常不一致。例如，秋瑾和徐锡麟都是光复会的人，但秋瑾参加了同盟会（她也是同盟会的评议员并兼浙江支部的负责人），而徐锡麟却坚决不肯参加，所以当他们后来共同举事时，秋瑾一方面要以光复会员的身份和徐锡麟等光复会系统的人联络，另一方面又要以同盟会员的身份和同盟会系统的人联络。又如章太炎和宋教仁等人，对孙中山先生的领导也都不很尊重。所有这些，不仅暴露了同盟会这种资产阶级组织的不可避免的缺点，同时也预伏了后来辛亥革命终归失败的危机。

九、反对“取缔规则”的斗争

同盟会成立以后，清朝反动政府鉴于革命活动的中心在日本，便要求日本帝国主义政府对中国留日学生的革命活动施以镇压。1905年11月，日本帝国主义政府的文部省发布了“取缔清韩留日学生规则”。这样就激起了中国留日学生反对“取缔规则”的尖锐斗争。

日本帝国主义对中国的侵略，常常采取两面乃至多面的手法：它一面支持反动政府，一面支持革命运动。在支持反动方面的时候，它又同时培养两个以上的走狗；在支持革命方面的时候，它又同时扶植几个不同的派别。它以为这样，就无论在什么时候，无论什么人当权，都可以通过它的代理人在中国扩张其侵略势力。在日俄战争以前和日俄战争期间，它对中国留日学生尽力拉拢，中国留日学生也确曾把同情寄托在日本方面。但自日俄战争结束后，它就翻脸无情，和清朝反动政府勾结起来，对留日学生的革命活动实行镇压。这样就不能不引起中国留日学生的反抗。而且这时的朝鲜，事实上已经成了日本帝国主义的殖民地，它在“取缔规则”中，竟把中国和朝鲜并列，这完全暴露了它侵略中国的狼子野心，因而使中国留日学生感到无比的愤慨。与此同时，还有一个日本议员，公然大发谬论，说什么日本帝国的范围应以东京为中心，用三个不同的半径，画三个圆周，第一个圆周内包括了朝鲜等地，第二个圆周内包括了我国东北等地，第三个圆周则把我全中国都包括进去了。这一狂妄无耻的宣称，更加激起了中国留日学生的愤怒。中国留日学生反对“取缔规则”的斗争，就是在这一系列的刺激之下爆发起来的。

“取缔规则”颁布后，我留日学生悲愤填膺，决定全体罢学回国，不在日本求学受辱。这一决定，是在一时激愤和高度热情的支配下做出的，实行起来颇有困难。但既经决定，若不实行，必被日本帝国主义所耻笑。陈天华看到这点，特别是看到当时留日学生总会的领导人都不肯负责，便愤而蹈海，想以此来激励人们坚持斗争。陈天华是我国资产阶级民主革命的先驱者之一，又是出色的资产阶级革命宣传家。他所写的《猛回头》《警世钟》《狮子吼》等通俗宣传品，曾经传诵一时，起过很大的鼓动作用。他临死前还写了一篇《绝命辞》，谆谆告诫留日学生必须奋起斗争；同时又给留日学生总会诸干事写了一封信，其中说：“闻诸君有辞职者，不解所谓。事实已如此，诸君不力为维持，徒引身而退，不重辱留学界耶？”这一封信，虽然感动了许多人，但却没有使留日学生总会那些冥顽不灵的最负责的领导者受到感动。

当时留日学生总会的会长是杨度，他自己不肯负责，却把责任推给曾鲲化，而曾也一样不肯负责任。我这时仍是留日学生总会的一名干事，便勉力地出来积极活动。在一次留日学生的大会上，由于胡瑛的讲话很受欢迎，并且群众一问又知道他是《民报》社的人，便把他推为反对“取缔规则”组织的会长。当时同盟会是秘密的，只有《民报》社是公开的，《民报》社的人就等于公开的同盟会员，大家一听说是《民报》社的人就那样拥护，可以想见当时同盟会在群众中具有多么崇高的威信。

留日学生反对“取缔规则”的组织虽然活动起来了，但要领导无数学校、一万多学生的罢课，并要组织他们分批回国，确是一件很不容易的事情。这时绝大多数的中国留日学生都罢了课，但个别的学校如东京法政大学的留日学生却不肯罢课。这些人中，有许多人都只知以升官发财为目的，对国家民族的荣辱存亡置之不顾。大家见他们这样，都很生气，但又无可如何。当时范源濂在那里当翻译，也很气愤，他认为同是中国人就应该共同行动，因此便对法政大学的中国留学生说：“你们要上课，我就不给你们翻译了。”这样，法政大学的中国留日学生，最后也参加了罢课。

这么多的人，都罢了课，都要回国，船只怎么办？路费怎么办？特别是回国以后又怎么办呢？这一切都是问题。但是，大家凭着满腔热血，丝毫不顾地纷纷奔回祖国。记得秋瑾、刘道一等人都是这次回国的，四川的黄复生、熊克武、谢奉琦等人也是这次回国的。

为了使回国的留日学生不致失学，湖南的姚宏业（洪业）、四川的孙镜清（当时他很好，后来当了贿选议员）等人便在上海的吴淞口办了一个中国公学。孙镜清的家里比较有钱，他一人就捐了二三千元的办学经费，姚宏业则多负些办学的责任，就这样把学校办起来了。那时这些人的爱国精神都是很可感的。不久，姚宏业因学校经费竭绝，竟投黄浦江而死。人们闻悉都非常感叹，为之悲悼不已。从陈天华的蹈海到姚宏业的投江，一时自杀成为风气，这固然表现了他们富有爱国热忱，敢于牺牲自己；但同时也说明了他们由于没有更高的革命理论和更好的革命方法，只得以自己的生命来激励人民。其志可嘉，其行可悯，但不可为训。

清朝政府对留日学生的回国，采取镇压与利诱兼施的政策。它一面到处缉拿革命分子，一面却专为归国的留日学生开特科考试，企图用爵禄来引诱他们。不少的人果然上钩，章宗祥、曹汝霖等就是参加了这种考试，取得了一官半职，从而完全投入了清朝反动政府的怀抱的。

当大批中国留日学生已经陆续回国的时候，在东京的中国留日学生中忽然出现了一个维持会的组织，说是愿意回国的仍可继续回国，不愿意回国的可以留在日本。这一组织是由法政大学的中国留日学生发起的，上面不但有江庸等人的签名，而且还有汪精卫的签名。大家一看，都感到惊奇，不明白是什么原因。原来是孙中山先生打来了一个电报，不赞成留日学生全体回国，怕同盟会员大批回国后，有被清朝政府一网打尽的危险。孙中山先生的指示是完全正确的，它使人感到那个全体回国的决定，虽然出于义愤，却很不合乎策略，应该适时地加以改变。不过汪精卫接到这个正确的指示后，不和大家商量，不经过一番酝酿，就贸然地组织起维持会来，则是十分错误的。也许他正是从怯懦的心情出发来接受孙中山先生的指示，亦未可知。汪精卫是个毫无骨气的人，感情用事，意志不坚，时冷时热，变化无常，他的这些劣性，在当时就已经露出了一些端倪。然而他那时的“声望”毕竟还是很高的，他以其三寸不烂的舌头，一张动人的面孔，再加上还会写点煽动性的文章，曾使不少的人都受到他的迷惑。这时他既出来维持，而且又有孙中山先生的指示，人们便很自然地听从了。

中国留日学生反对“取缔规则”的斗争，引起了国际舆论的正当同情，因而使日本政界也发生了很大的波澜。日本政府的反对派曾借此向执政党大肆攻击。日本执政党为了缓和国际舆论、对付反对派的攻击，以巩固它的统治地位，不得不对中国留日学生表示让步，并派人来和中国留日学生总会商洽条件。但这时留日学生总会的负责人都已星散，会馆里虽然还有少数人在办公，但满口尽是埋怨之词。

在这种情况下，我觉得必须把责任担负起来。我很小的时候，祖母就告诉我：“设筵席容易，收拾碗盏难。”她教我做事必须有始有终，并说：“有头无尾的人，是没有出息的。”这个教训，我一生铭记不忘。所以对于收拾残局，我是很乐意的。有人说我“命苦”，我倒很高兴；一个人正是要敢于去和“苦命”作斗争，才能取得最后的胜利。我们家乡有一种说法：吃甘蔗要从尾吃到头，那样便越吃越甜；反之，从头吃到尾，便越吃越没有味道了。我认为这其中颇有些哲理，先苦而后甘，恐怕是人生最幸福的道路。正因为我有这种思想，所以当我看到留日学生总会陷于瘫痪状态时，我毫不气馁，反而更加振作，每个星期总要到会馆去一两次，鼓励那里的办公人员坚持到底。后来终于又拖住了一个胡瑛。记得是12月30日的晚上，我和胡瑛两人冒着大雪和严寒，坐火车到乡下去找范源濂。范也很热心，认为应该趁日本政府让步的时候，把留日学生会馆恢复起来，并愿意代我们交涉。后来经过他到使馆活动，再与日本政府反复交涉，日本政府终于被迫答应了十多项条件，使日本政府拖延几年不肯承认的中国留日学生会馆，获得了合法存在的权利。一场轰轰烈烈的反对“取缔规则”的斗争，就这样在得到一定程度的胜利后，适时地结束了。

十、革命派和改良派的斗争

同盟会是在革命运动逐渐高涨的基础上建立起来的，而同盟会的建立又推动了革命运动进一步的高涨。

几乎各阶层的人民，都或多或少地卷入了这次革命运动或受到了它的影响。中国工人阶级这时虽然还很幼稚，也展开了许多自发的斗争。1905年，上海工人为反对裁减工人和克扣工资等切身问题，曾发生过几次罢工斗争。1906年，上海的工人斗争仍继续不断；杭州的机织工人也曾发生罢工。这时工人斗争的形式还很原始，例如1905年4月上海杨树浦工人罢工的时候，即采取了捣毁机器的办法，这说明他们还没有真正的阶级觉悟。但是，随着中国资本主义和工人斗争的发展，中国工人阶级是必然要逐渐地觉悟起来而担负和完成其伟大的历史使命的。

1906年，长江流域有许多地方发生了灾荒，因此这一带的农民斗争极为高涨。从长江上游的四川、贵州，中游的湖南、江西，直到下游的安徽、江苏，到处都曾爆发过农民起义。此外，如华北的河南，华南的广西，农民斗争仍持续不断。自义和团起义失败后稍微沉寂一阵的反洋教斗争，这时又活跃起来了。1906年初的南昌教案，就曾经轰动一时。由于帝国主义分子、法国教士王安之蛮横地残杀了清朝官吏中比较主持公道的南昌知县江召棠，南昌人民激于义愤，群起将帝国主义分子王安之打死，并将他的巢穴法国教堂焚毁。法、英、美等帝国主义蛮不讲理，竟把兵舰开入鄱阳湖示威，对中国人民进行恫吓。这一事件引起了全国人民的愤怒。当时正在长沙教书的徐特立同志，闻悉之后，立即向同学们演说，他愈说愈恨，随取菜刀砍去一指，誓与众同报此仇。谁知彭国钧却用这血指写了“请开国会”等几个大字，竟以革命者的鲜血去作改良主义者升官发财的工具。与南昌教案同时，江西其他地方乃至全国各地如安徽、福建、浙江、四川等省人民都曾经起来进行反对帝国主义教会侵略势力的斗争。

在工农群众广泛斗争的基础上，各省人民争取路矿权利的斗争也开展起来了。它的锋芒主要是反对外国帝国主义，是一种爱国主义性质的斗争，所以参加的阶层极其广泛，不仅有广大的劳动人民，而且以资产阶级和知识分子为最活跃，同时还影响了一部分上层统治阶级中的人物。经过长期复杂的斗争，粤汉铁路的主权终于从美国人手中夺回来了；苏杭甬铁路也拒绝了英国的借款；湖南、湖北、江苏、浙江、安徽、山东、山西、河南、四川等省都争回和保住了一些路矿的权利。

川汉铁路也是这时改为商办的。本来，四川人民为了抵制英、法帝国主义的侵略，很早就有自办铁路的愿望；而四川留日学生，深感出入四川的不便，对自修铁路的要求更为迫切。1903年锡良督川时，为买好川人，曾奏请修川汉铁路。1904年四川留日学生致电锡良，提出集股修筑川汉铁路的具体办法，并自认股款三十余万两，以为先导。同时又发表《敬告全蜀父老》书，力陈帝国主义以铁路亡人国家的可怕，呼吁自力更生，齐心修路。至1905年，川汉铁路集股章程公布，规定不招外股，不借外债，按租出股，百分取三。至于官股则由川省当局加收厘金筹措，实际上亦取之于四川人民。这样就使全川人民都和川汉铁路发生了切身利害关系。谁知川汉铁路公司成立后，一切由官方把持，不仅官股全属空名，而私股亦渐被吞蚀。因此到1906年末，四川留日学生又联名指责官府把持铁路公司，要求把川汉铁路完全归为商办。从此以后，铁路公司的实权落入立宪派士绅手中。所以后来清朝政府要把铁路收归国有时，不仅遭到全川人民的反对，而立宪派士绅由于利害关系，也被卷入斗争，这就是为什么辛亥革命前夕四川铁路风潮能够成为全民性运动的原因。

以同盟会的成立为标志而兴起的革命高潮，使清朝政府对它的生存感到了极大的威胁。因此，它被迫于1906年宣布预备立宪，想以欺骗手段来缓和人民的革命情绪。这时，革命派和改良派的斗争也空前地激烈起来了，而这正是阶级斗争趋于尖锐化的必然反应。

革命派的《民报》和改良派的《新民丛报》展开了针锋相对的斗争。《新民丛报》假借爱国以宣传其保皇主义；又说什么革命必生内乱，必招瓜分；中国只能实行立宪，而且还须以清朝政府实行所谓开明专制为过渡。此外，更诬蔑“平均地权”全系为乞丐流氓着想，实行起来，必致破坏社会秩序。针对着这些谬论，《民报》进行了有力的驳斥。它充分地宣传了推倒清朝政府的必要，并指出清朝政府是卖国的政府，真正爱国的人，必须起来推翻它；而且只有用革命的方法推翻清朝政府，建立民主共和国，中国才有出路；什么开明专制、君主立宪之类的滥调，都是替清朝政府帮凶的。同时还指出必须实行“土地国有”，以矫正贫富不均的现象。在《民报》坚决有力的进攻下，《新民丛报》终于弃甲曳兵，完全失败，最后不得不宣告停刊。《民报》在它的宣传中，把同盟会的纲领更加具体化了，但也有着严重的缺点：它把一切仇恨都集中到满族统治者身上，而把真正的民族敌人——帝国主义轻轻地放过了，我们从它宣布的六大宗旨[1]中就可以看出它对帝国主义特别是日本帝国主义存有多么严重的幻想；同时，它只注意对汉族祖先的光荣传统大力宣扬，而没有集中力量去反对中国人民在国内的真正敌人——封建主义。正因为这样，它对《新民丛报》所提出的革命必引起内乱和招致瓜分的问题就不能提出完满的答案。从这里我们也可以看出：中国软弱的资产阶级是无力提出明确的反帝、反封建的革命纲领的。这一光荣任务，只好遗留给伟大的中国工人阶级去完成。

当《民报》和《新民丛报》笔战方酣的时候，在日本的中国留学生几乎都卷入了这场论战。记得1906年的冬天，一群四川留日学生在宿舍里展开了争论。绝大多数的人都赞成革命，惟独周先登拥护立宪。这位“可勒哇先生”（周说话时有“这个”“这个”……的语病，被人用日语称为“可勒哇”先生）理屈词穷，犹不认输，还是在那里“这个”“这个”地纠缠不已。刘回子（庆恩）一怒之下，用火钵向他击去，登时满屋尘土飞扬，真像战场一般。周先登吓得抱头鼠窜而去。这刘回子是四川成都的一个回民，原在汉阳兵工厂做技工，是由张之洞派到日本去学习兵工技

① 《民报》的六大宗旨是：（一）颠覆现今恶劣政府；（二）建设共和政体；（三）土地国有；（四）维持世界真正之和平；（五）主张中国、日本两国之国民的联合；（六）要求世界列国赞成中国之革新事业。

术的。其人身材魁梧，性情直朴，虽说话粗鲁，不如知识分子的温文尔雅，却主张正义，敢于斗争，人们都很喜欢他，把他唤作“刘回子”，而不叫他的真实名字。刘的痛击周先登，曾经在留日学生中博得一致的好评，从这件小事情上也反映了改良派在政治上的破产。

但是，康梁等人并不甘心于失败。当清朝政府假意宣布预备立宪的时候，他们欣喜若狂，积极组织立宪政党，准备回国去做清朝的立宪功臣。于是，革命派与立宪派（改良派）的斗争便由以理论为主而转为以行动为主了。1907 年 7 月，梁启超的政闻社在东京锦辉馆开成立大会，同盟会员当场痛打了梁启超，四川会员并把梁的走卒白坚（四川人）打得头破血流。对这一暴力行动，人们皆大为称快，可见立宪派是何等的不得人心。从此以后，立宪派只有在上层的士绅中去罗致它的党羽，而在广大的人民群众中则完全失去了同情。

十一、武装起义的失败

当全国革命运动日益高涨的时候，同盟会没有对各阶层人民的革命斗争实行有效的领导，尤其是对广大工农群众的革命斗争，更少过问，却把它的主要精力放到组织武装起义方面，希图用单纯的军事斗争，一举推翻清朝政府的反动统治。自1906—1908年，它连续不断地举行了一系列的武装起义。

由于反对“取缔规则”而归国的同盟会员，成为在各地组织武装起义的积极分子。湖南的刘道一自从回国后，即联络会党在湘赣边境展开活动。至1906年末，著名的萍乡、醴陵、浏阳起义爆发了。在这次起义中，安源矿工六千余人成为斗争的主力，他们参加起义虽然还是自发的，并没有阶级的自觉，但却为中国工人阶级的革命斗争史揭开了光荣的首页。

1907年初，日本帝国主义应清朝政府的请求，驱逐革命党人，孙中山先生被迫离开日本，至安（越）南河内设立革命机关，策划军事。于是便爆发了潮州、惠州、钦州、廉州等地的起义。这些起义失败后，孙中山先生又和黄兴计划从安（越）南袭取镇南（友谊）关，进攻广西，于是又在中越边界的镇南（友谊）关发动了起义。

当孙中山先生在两广组织起义的时候，独树一帜的光复会员徐锡麟，于1907年夏在安庆刺杀了清朝政府的安徽巡抚恩铭，举行起义。秋瑾也在浙江绍兴响应徐锡麟。徐锡麟以起义失败死难，秋瑾也于被缚后慷慨就义。秋瑾是中国近代史上一位伟大的女英雄，她为民族解放和妇女解放事业付出了自己的生命，从而成为旧民主主义革命时期中国革命妇女的楷模。

孙中山先生和黄兴于镇南（友谊）关起义失败后，又转而谋在云南边境举行起义。由于英帝国主义侵略片马的事件，同盟会对云南边境早已注意，曾不断派人前去工作，其中尤以川、滇两省的同盟会员去得最多。1907年，川籍同盟会员王仰思、秦彝鼎等应云南干崖土司刁安仁（同盟会员）的约请，前往干崖（现德宏傣族、景颇族自治州）发动革命。王仰思、秦彝鼎等启程之前，我们四川的一些革命同志曾在东京的锦江春饭店为他们饯行。大家在席间畅谈国事，放怀畅饮，一时酒酣耳热，情绪渐趋激昂。我县的同盟会员龙鸣剑（骨珊）于兴奋之际，忽而引吭高歌，他那悲壮的歌声，震动了每个人的心弦，使举座为之感动。这次午宴一直延续到黄昏时候方才散去。王仰思在路上还给我来了一封信说："锦江春之宴，大有'荆轲饮燕市、酒酣气益振'之概，毕生难忘。"自此以后，他们即再没有信来了。

正因为同盟会在云南有一些工作基础，所以孙中山先生和黄兴才决定在那里举事。1908年3月，河口起义爆发了。当起义军占领河口的胜利消息传来时，我们在东京的同盟会员无不兴高采烈，当即决定派一批人前去支援。但他们刚到安（越）南河内，即闻起义失败，因此又折返东京。只有喻华伟（喻云纪之弟）绕道缅甸，去到干崖与王仰思、秦彝鼎会合。后来喻华伟因病离开了干崖，而王仰思、秦彝鼎等则一直在那里从事革命工作，以至于死。他们为中国民主革命和民族团结的伟大事业贡献了自己光荣的一生。据1959年德宏自治州州长刀京版对我说：王仰思、秦彝鼎都是他的老师，现在自治州还有他们的坟墓，那里的各族人民至今仍在纪念他们。可见一个革命志士，无论死在哪里，他的革命精神都会永远受到人们的崇敬。

河口起义失败后，龙鸣剑还曾到云南去从事过一段革命活动。龙鸣剑有一个叔父龙沛然，曾在云南昭通署理过知府，因此龙鸣剑到云南去工作也较为方便。龙鸣剑在云南工作了一个时期以后，又回到四川。他在四川被选为咨议局的议员，又在成都办了一所法政学堂，他就利用这些条件，积极地进行着革命工作。

四川的同盟会员谢奉琦、熊克武等自反对“取缔规则”运动回国后，也会同佘英等积极筹划武装起义。1907年的成都起义，还没有发动起来就被破坏了。王树槐、张治祥、黎庆瀛、江永成、黄方、杨维等“六君子”被捕下狱，这一事件曾经震动全川。接着，谢奉琦谋在叙府起义，事泄被捕牺牲。谢被捕后的英勇表现，使当时四川的臬台赵藩，深受感动。他为救谢不果，竟至辞官不做，足见清朝官府中的个别开明人士也已经感到革命潮流是不可阻遏的了。1908年，熊克武等再来日本，我们为了帮助他进行起义，替他购买了一批军火。这些军火，运至四川忠州起岸后，送到同盟会员吴鸿恩（恩洪）家里收藏。后来因官府有所觉察，吴怕累及家庭，竟把它抛入江中，实为可惜。1909年春，熊克武等在广安的起义也失败了，以后他逃至上海。1910年春，黄复生、汪精卫谋炸摄政王被捕。是年秋，我从日本回北京营救黄复生、汪精卫未能成功，也来到上海。于是我同熊克武、但懋辛、井勿幕去香港，同黄兴等共同筹划规模更大的广州起义。这一次起义，虽然集中了同盟会大部分的精英，也终于以无比惨重的损失而失败。

同盟会所组织的这一系列的武装起义，都在清朝反动政府严厉的镇压下失败了。它说明要举行武装起义，必须首先做好艰苦的群众工作。只有当群众革命高潮达于顶点的时候，才可因势转入武装起义。而且在起义之前，还必须进行深入细致的准备工作。只有客观形势和主观条件都充分具备的时候，才可发动起义，起义才有获得胜利的可能。反之，任何脱离群众革命斗争的武装起义，都是军事投机，任何缺乏周密准备的军事斗争，都是冒险行动，而一切军事投机和冒险行动总是要遭到失败的。同盟会所领导的这许多次武装起义虽然都遭到了失败，但它却严重地打击了清朝政府的反动统治，吸引和鼓舞了相当广大的人民起来坚决地参加反对清朝反动统治的斗争，并且用事实向广大群众证明：只有实行武装革命才能推翻清朝政府的反动统治，其他的道路是没有的。至于在起义中的无数英雄、志士和先烈，他们为争取祖国的光明前途，而不惜抛头颅，洒热血，牺牲个人的一切，那种大无畏的革命精神，不仅为中华民族的历史写下了光荣的篇章，而且永远值得后世的人们歌颂和学习。

十二、办《四川》杂志

清朝反动政府除对各地的革命起义进行残酷的镇压之外，同时对一切的革命宣传也加以严厉的禁止和破坏。1906年以后，《民报》运进国内就较前更加困难了。为此，留日学生中各省的革命同志，又纷纷以本省的名义创办和继续出版报刊，分散地运进国内，进行革命宣传。例如《云南》杂志就是这样办起来的。当时全国人民正在反对英帝国主义侵略我国云南边疆（片马事件），因此，《云南》着重地反对外国侵略，这样就使它得以比较容易地运进国内，并且受到广大读者的欢迎。《四川》杂志也是在这种情形下决定创刊的。

先是，四川留日学生雷铁崖、邓絜等人曾经出版了一个《鹃声》杂志，它对四川屏山县内官府的黑暗腐败揭露得淋漓尽致，而对全省全国的事情虽也慷慨陈词，却说得不够一些。雷铁崖的文章畅达锋利，很受时人赞赏，陈璧君（后来在抗战时期堕落为最大的女汉奸）就是在南洋读到雷在《鹃声》上的文章，由于仰慕他而来日本的。1907年下半年，四川留日学生决定以《鹃声》为基础创办一个《四川》杂志，并推我来负责主持。

1906年我在成城学校毕业后，考入了日本国立的大学预科——岗山第六高等学校工科，并循例补为官费留学生，这样我的学费问题便解决了。这时我已经上课一年。从岗山到东京，坐火车也得半天的路程，要办杂志，不脱离学习是不可能的。于是我便称病请假一年，专门从事革命工作。为了革命活动的方便，我特地给《四川》杂志社租了一处比较宽大的房子，它后来不仅用作了出版机关，同时也用作了革命机关。由于有《鹃声》的基础，并且雷、邓也继续参加编写工作，经过不久的筹备，在1907年末，《四川》即以其鲜明的革命姿态与世人见面了。它一出世，即受到人们热烈的欢迎，销路很广，每期出版后不久都又再版发行。《四川》的特点是：对外坚决反对帝国主义；对内坚决反对清朝反动统治，主张革命。它虽然只出了三期，即遭封闭（第四期被没收），但通观全部内容，反对英帝国主义侵略我国西藏、反对英法帝国主义侵略我国云南、反对日本帝国主义侵略朝鲜和我国东北的文章即占了很大的分量；而揭露清朝反动政府卖国残民的罪恶、鼓励人民起来争取铁路主权、进行革命斗争的文章又占了很大的分量；此外，即使是诗词小品，也大都是沉痛的忧时爱国之声，而绝少无聊的吟风弄月之作。它的思想大抵是爱国主义的、民主主义的，同时并有若干无政府主义的成分。当然，那时的爱国主义思想还是比较简单和笼统的。那时的民主主义思想也只能是资产阶级的旧民主主义，有着很大的局限性。而无政府主义思想，谁都知道，对共产主义思想说来乃是一种反动的思潮，但在当时，它却鼓舞着人们去进行冒险的革命斗争，主要的作用还是积极的；不过同时也产生了一些崇拜英雄、轻视群众的消极作用。总之，《四川》杂志在当时的中国要算是最进步和最革命的刊物之一。

当我们在顺利地创办《四川》杂志的时候，《民报》正遭遇到极大的困难。由于经费不继，章太炎等人几乎有断炊之虞。他派陶成章到南洋去募捐，也无结果，因南洋华侨与兴中会关系较深而与光复会素少联系。因此，章大骂孙中山先生不支持他办《民报》。其实，孙中山先生这时到处搞武装起义都遭失败，也很困难。章的埋怨徒然暴露了同盟会内部派系之间的裂痕。看到这种情形，我觉得孙中山先生既无过错，而章太炎也可以原谅，于是便极力设法弥补。当时四川留日学生很多，并且很多人都已参加了同盟会，我便为《民报》向他们募捐，他们都很踊跃地捐输，家境富裕的固然捐得不少，就是家境困难的也是尽力而为，有的官费生为了捐钱，竟至把官费折子拿去当了（当时的官费折子是可以拿到小当铺里当钱的），可见人们的一片爱国热心。我把捐到的钱交予章太炎去维持生活，他很感动地说："同盟会中只有四川人才是好的，才靠得住。"他这话虽是对四川同盟会员的夸奖，并且出自衷心，但却是错误的。章太炎的门户之见过深了，所以到处都流露出来，无怪其后来走向分裂革命的道路。

1906—1908年，同盟会在国内组织的多次武装起义都遭到失败，有些不坚定的分子因此表现消极。有一次我去约吴鼎昌为《四川》杂志写文章，吴本是同盟会员，但这时他却说："我看现在还是不要再搞了吧!"坚决地拒绝了我的约请。这可算得是革命投机分子的一个典型。这时日本的同盟会组织也很涣散，孙中山、黄兴等领导人都不常在日本，宋教仁又没有威信，真是群龙无首，一盘散沙。我于是便和四川的张懋隆、李肇甫，湖南的欧阳振声、彭允彝、刘彦，广东的何天炯、熊越山，广西的覃超，江西的王有兰，江苏的陈剑虹，安徽的常恒芳、陈策（不是后来国民党政府里搞海军的那个陈策），福建的林时爽、李恢、郑烈，云南的吕天民、张大义，贵州的平刚，山西的景定成，陕西的井勿幕、赵世钰，山东的丁维汾等人经常联系，不断集会，这样差不多每省都有人参加，无形中形成了一个各省同盟会负责人员的联席会议，维系着同盟会的组织于不散，坚持着革命工作的进行。

这时，由于国内环境更加险恶，许多会党中的革命分子纷纷逃亡日本，我的大哥也于这时来到东京，和我同住在《四川》杂志社内。我于是又和同盟会中的一些同志如焦达峰等人研究：最近一个时期，同盟会只顾去搞武装起义，差不多把会党工作忘记了，现在何不趁各省会党都有人在日本，把全国所有的会党通通联合起来。这个主张，凡是过去和会党有联系的同盟会员，都很赞成，因为他们知道下层社会有着巨大的革命潜力。我的大哥在四川哥老会中有相当地位，这时已由我介绍加入了同盟会，他很同意我的意见，对我说道："你要做会党工作必须参加进去，且先补个'老幺'吧，然后一升'老五'，就能在实际上管事了。"通过他的介绍，我就算入了袍哥。我首先在一些"大爷"当中进行联络。那时四川的"大爷"有张百祥、唐洁和我大哥三人；而湖南的焦达峰，湖北的孙武、居正，江西的邓文辉，广东的熊越山等人，他们或是"大爷”，或是会党中较有地位和较为积极的人物。经他们一起商量，召开了共进会的筹备会，我大哥以年长被推为临时主席——“坐堂大爷”，而我则升为“管事”，实际负责组织联络等筹备工作。经过我们这些同盟会员的积极活动，各地哥老会、孝友会、三合会、三点会等会党在日本的首领，终于在1907年的下半年结成了一个统一的组织——共进会。由于四川孝友会的首领张百祥在下川东一带拥有相当多的会党群众，而且在会党中的资格最高，对各地码头最熟，所以被推为共进会的共同领袖。共进会以同盟会的宗旨为宗旨，而特别着重于反满的宣传。因为会党中的上层分子有不少是地主阶级出身或与地主阶级有着密切联系的人，所以共进会把同盟会纲领中的“平均地权”改为“平均人权”，以便他们容易接受。尽管后来共进会的某些首领极力辩解，说什么“平均人权”比“平均地权”更有意义，更便于向会党群众宣传，但以后的事实证明：共进会放弃了“平均地权”的主张，终于使它无力去发动广大的农民群众，实际上是犯了一个历史性的错误。虽然共进会的纲领有严重的缺点，它的组织也很散漫，各派会党仍按原来的系统和各自的堂口去进行活动，并无集中统一的领导，但是，自有共进会以后，中国南方各省绝大部分的会党都在反满的旗帜下联合起来了，这就使同盟会增加了一个群众基础较为广泛的外围组织，从而有利于促进革命运动的高涨。

共进会成立后，我仍集中力量回来做同盟会和《四川》杂志的工作。由于《四川》杂志不仅进行着革命的宣传活动，而且进行着革命的组织工作，所以它和《民报》一样遭到清朝反动政府的迫害。1908年秋后，唐绍仪被清朝政府派为专使访问美国。他路过日本的时候，秉承着清朝政府的意旨，要求日本政府查禁《民报》和《四川》杂志。我和章太炎为此都吃了官司。《民报》被控为“激扬暗杀、破坏治安”，除罚金外，并禁止发行。至于《四川》杂志，日本帝国主义故意把问题搞得更严重，不但罚金更多，而且还判处了我半年的徒刑。本来，自1908年暑假以后，我请假的限期已满，不得不回岗山继续上课。经过大家同意，我把《四川》杂志的责任交给了当时四川留日学生同乡会长、同盟会员廖希贤，由他继我为《四川》杂志的编辑兼发行人。因此，《四川》被控，按理应由他去出庭受审。但廖却不肯去，把责任推在我的身上。当时人们都很不平，一个叫童慎如的坚决不让我去。我想：“‘见义不为，无勇也。’到法庭有什么可怕呢？”于是毅然要去受审。大家都很感动，特地为我请了一个出名的日本律师樱井来替我辩护。到开庭那天，我泰然地去出席了，不少人要跟着去旁听，但法庭宣布案情严重，禁止旁听。人们非常愤怒，并为我担心，但又无可如何，只好在外边等候消息。一会开庭了，检查官提出了四大“罪状”：（1）鼓吹革命；（2）激扬暗杀；（3）煽动日本殖民地反对帝国；（4）反对天皇[①]。当说到天皇的时候，还装模作样地致敬一番。接着，我的律师替我辩护，那天樱井没来，我的律师是由他请来的。律师说：“鼓吹革命，在异国不能构成罪案；登了无政府党的文章，并不能就说是激扬暗杀；只有第三、第四两条确是不对，但都系转载不慎，只能算是过失，不能定罪。”经过一番辩论以后，问官暂时休息。大约等了半个钟头，又重新开庭了。这时法官出来宣判：说什么根据“罪证”，决定查禁杂志，并科罚金一百元，处编辑发行人有期徒刑半年。又说什么姑念该编辑发行人尚在求学，准予“犹豫（缓期）执行”。一场风波，就这样结束了。当我一走出法庭，等候的人们都为我欢呼；等我把全部经过告诉了大家以后，大家才了解到日本帝国主义原来和清朝政府串通一气，对中国革命施行压迫，所谓“审判”“辩护”“判决”等等，

① 《四川》杂志第四期登了一则“赤旗事件”的消息，因此被控为反对天皇。按“赤旗事件”发生于1908年6月22日。日本各派社会党人、无政府党人于是日在东京锦辉馆开会，因争夺赤旗与警察冲突，致被捕多人。随后在拘留所又发现颂扬法国大革命时将路易十六送上断头台的诗句，日本政府认为是侮辱天皇，遂以不敬罪判处作者惩役三年之重刑。

都不过是骗人的把戏而已。

十三、暗杀活动的风行

当俄国1905年的革命失败以后，有许多无政府党人逃亡到日本。当时我们在日本的一些中国革命者，从他们那里不仅受到了无政府主义思想的影响，而且还学到了许多从事恐怖活动特别是制造炸弹的技术。于是，与发动武装起义的同时，组织对清朝政府官员的暗杀，一时成为风气。本来，任侠仗义的刺客行为，在中国历史上一直受到人们的赞扬。而孙中山先生在他的革命活动中，也把组织暗杀作为重要的革命手段之一。例如，他在1900年所领导的广东起义，即由史坚如到广州去进行暗杀，以响应郑士良在惠州发动起义。史坚如就是在这次暗杀活动中被捕牺牲的。至1905年后，这种暗杀活动更为扩大了，同盟会特地组织了一个专司暗杀的部门，由方君瑛（女）负责主持，我和黄复生、喻云纪、黎仲实、曾醒（女）等也参与其事。那时我们最爱读《铁假面》之类的惊险小说，经常仿照书中的人物研究进行暗杀的技术。我们怀着满腔的热忱，不惜牺牲个人的性命去惩罚那些昏庸残暴的清朝官吏，哪里知道暗杀了统治阶级的个别人物并不能推翻反动阶级的政治统治，尤其是不能动摇它的社会基础呢？这些道理，是必须掌握马克思主义的唯物史观以后才能理解的。

在当时从事暗杀活动的积极分子中，有一个值得我们特别纪念的英雄人物，那便是四川的同盟会员喻云纪（培伦）。喻云纪初到日本的时候，是个风流倜傥的翩翩少年，他当时在千叶医学校读书，成天注意的还是些弹琴、照相之类的玩意儿，对革命并无多大兴趣。1908年夏天，他与我大哥等同住在《四川》杂志社内。其时河口起义失败，他的弟弟喻华伟去到干崖，在那里染上恶性疟疾，回到新加坡医治，急需费用。我接到喻华伟求助的信后，立即在四川的革命同志中为他筹借，不几天即凑足三百元寄去了。喻云纪看到这种情形，深受感动，觉得革命既是大仁大义的崇高事业，而革命同志又复亲如手足，因此便要求加入同盟会。我在介绍他入会的时候，又向他说明了一个革命者必须竭尽精力以奉行革命的道理。果然从此以后，他便舍豪华而尚质朴，与前判若两人。他赋性聪敏，无论什么技艺，一学就会。他对小型机件（如钟、表之类），素来装拆自如，更兼他学过一些化学，所以后来在研究炸弹制造方面，有重要的创造发明。1908年秋，我回岗山复学后，他与我大哥等人另外租了一处房屋，专门在那里试验炸药。一日正换药瓶，一触炸裂，他被炸伤了手脸，所幸伤势不重。警察赶来时，他们装作做化学试验的样子，也就掩盖过去了。从此，他越发精心研究，终于制造出一种威力强大的炸弹。由于改进了发火机关，只要收藏得当，它平时绝不致有发生爆炸的危险。而且他还把炸药的外形，做得与朝鲜特产的麻糖极其相像，这样就便于往来携带，不易被检查发觉。

至1909年，同盟会所组织的许多次武装起义都遭到失败后，许多革命党人愤不欲生，亟谋刺杀清朝官吏，以为报复。这时把守长江口的两江总督端方和把守珠江口的水师提督李准，成为革命党人仇恨集中的焦点。是年夏，端方被调为北洋大臣，我们估计他会从汉口经过（当时没有津浦铁路，由江苏到北京以溯江至汉口转京汉铁路为最便当），决定由喻云纪同另外几个同志去汉口察看形势，布置一切；我们在日本购置器材和筹措经费。喻到汉口后住在孙武那里，孙也协助他进行工作。他亲自到汉口北面的刘家庙车站附近去勘察了地形。哪里布雷、哪里藏人以及如何引线拉火，他都作了周密的计划。当他把那份布置详图送来日本的时候，我们看了都很兴奋，立刻把准备好的东西派人送去。一切都准备妥当了，专等那万恶的端方前去送死。谁知端方却狡猾得很，他表面装作取道汉口，但到镇江后诡称要上焦山一游，即偷偷地转回上海乘轮船北上了。于是我们的一场心血归于白费。

随后，汪精卫居然也想去炸李准。这位貌若处子的书生，手无缚鸡之力，而且对爆炸技术也一窍不通。他之所以要从事暗杀活动，完全是因为对革命前途丧失信心，欲作孤注一掷，妄想借此以博取壮烈的美名。那时他正在香港，一天，突然来信向我索寄炸弹。我这时对暗杀活动的兴趣已不如前，而对他的从事暗杀更抱疑虑。因此，我在回信中说："征诸历史，各国革命失败时，则暗杀之风必盛。诚以志士仁人，见大势已去，惟有一死以报国。其志可嘉，其行亦可悯矣。今我革命非无希望，敌人正造谣说革命必归失败，以图涣散我革命之人心。……如果兄也随吾党勇壮之士去实行暗杀，即令有成，也徒使敌人造谣，志士灰心，党也受莫大损失。弟不赞成此举，故不能寄药品来。"从这封信可以看出，我不赞成他去实行暗杀，也还只是从各国革命的历史经验出发，并不是对暗杀活动的错误，有了真正的认识，所以对以后的暗杀活动，我仍然继续参加。汪接到我的回信后，又来信说什么"……革命之事譬如煮饭。煮饭之要具有二：一曰釜，一曰薪。釜之为德，在一恒字。水不能蚀，火不能融，水火交煎，皆能忍受。此正如我革命党人，百折不挠，再接再厉。薪之为德，在一烈字。炬火熊熊，光焰万丈，顾体质虽毁，借其余热，可以熟饭。此正如我革命党人，一往独前，舍生取义。……弟素鲜恒德，故不愿为釜而愿为薪。兄如爱我，望即赐寄各物。”汪精卫这一封信，虽然说得天花乱坠，却无意中暴露了他那卑劣的本质。试问一个素鲜恒德的人，怎么能够成为烈士呢？汪精卫后来被清朝政府软化、被袁世凯软化、被蒋介石软化，以至被日本帝国主义软化而当了头号大汉奸，绝不是偶然的。但我当时并没有看出他的本质，反而觉得他很坚决，便给他寄了些炸弹去。可是他接到炸弹后却又动摇起来了，终于没有勇气独自去进行暗杀。

当汪精卫回到日本的时候，喻云纪等人也都回来了。于是我们大家计议，决定集中力量去刺杀当时清朝政府的最高掌权者——摄政王载沣。根据决定，喻云纪、黄复生于1909年秋后赴北京组织机关，我仍在日本负责准备一切。喻云纪、黄复生到北京后，在琉璃厂开了一家守真照相馆，随即回日本来取炸药。这时，汪精卫与陈璧君正在恋爱，也常常说他们要亲自去炸摄政王，待喻、黄准备好了才去。对于汪精卫的参加这次暗杀活动，孙中山先生曾经说过：几次起义失败后，“汪精卫颇为失望，遂约集同志数人入北京，与虏酋拼命。”孙中山先生算是把汪精卫看透了，汪的确是由于失望才想去拼命的，并不像其他的志士那样满怀壮志和雄心。孙中山先生因为不了解详情，以为谋刺摄政王是由汪精卫“约集同志”进行的，其实，这次行动主要应归功于喻云纪和黄复生，汪精卫只是后来才同陈璧君一道去参加的，而且他自始至终并没有做多少事情。

喻云纪、黄复生在北京找到一个西瓜般大的铁罐，就把它拿到一家铁工厂去造了一个炸弹壳，然后把从日本带来的炸药安装进去，制成了一个大型的特别有效的炸弹。当时摄政王府在什刹海的西北，门外不远有一条水沟，沟上有一石桥，附近还有一个井形的石坑。这桥下正好埋炸弹，石坑正好躲人，而水沟又便于安设拉火的电线。只要布置得好，当摄政王经过桥上的时候，人在石坑里一拉电线，就会立即把他炸死，而拉线的人还可趁势逃跑。在1910年4月的一个晚上，喻云纪和黄复生偷偷地来到这个桥下。他们首先把炸弹安好，然后再来安设电线，谁知事前目测不准确，临时才发觉电线短了几尺。怎么办呢？不得已只好收拾重来。正在收拾的时候，暗中发见有人在桥边大便，于是他们只得暂时躲开。而这时摄政王府大门开处，有打灯笼的人等出来。喻、黄恐怕被他们发现，便顾不着去取炸弹了，只得任它埋在土里。等第二天晚上再去探取时，炸弹已被人取走了!他们估计：若是敌人取走，必定会惹起满城风雨；若是竟无声息，则是一般居民拿去了。过了一天、两天，一连几天皆无动静，他们估计无事，便派喻云纪、陈璧君再到日本向我取炸药，准备回头再举。他们回到日本，陈留在神户，喻到岗山来找我。就在那天我们正要去准备器物的时候，忽然报上登出了黄复生、汪精卫被捕的消息！原来敌人非常狡猾，他们发觉炸弹以后并未声张，先拿到外国使馆找专家鉴定。这外国专家说："这炸弹威力强大，技术高超，绝非中国境内制造；但外壳很大，且较粗糙而车有螺丝，必是就近制造的。"于是清朝政府根据弹壳的线索，找到了那家铁工厂。然后由便衣侦卒带着那家铁工厂的老板四处寻找，又在琉璃厂附近认出了黄复生并发现了守真照相馆。于是侦卒们装着要照相，趁机把黄复生和守真照相馆的人全部逮捕了。接着又利用一个给汪精卫送饭的人带路，把汪也捕去了。陈璧君看到汪精卫被捕的消息，简直跟发了疯一般，竟无理辱骂喻云纪怕死。喻云纪见她已失去理智，不愿在她悲痛中和她争吵，只得把无穷的委屈压在心底。一天他对我说："她同我一起回来，却说我怕死，……唉，谁怕死，将来的事实是会证明的。"言罢不胜唏嘘。从这时起，他便已下了必死的决心。果然以后的事实证明：喻云纪不愧是流芳千古、永垂不朽的民族英雄；而汪精卫、陈璧君则做了狗彘不食、遗臭万年的无耻汉奸。

十四、辛亥三月二十九日的广州起义

黄复生和汪精卫被捕后，清朝政府鉴于单纯的镇压不足以消灭革命，没有立刻杀害他们，只是把他们监禁起来，准备慢慢地实行软化政策。1910年的夏天，为了去营救黄复生和汪精卫，我从日本经过朝鲜潜赴北京，住在我姊夫那里。那时，曾醒有一个弟弟曾季友在北京经商，我通过他去打听消息和联络同志。经过一个多月的努力，还是想不出有效的营救办法。至于以前所设想的劫狱，根据实际情况，更无实现的可能。我的姊夫，素知我参加了革命党，这时又见我的形迹可疑，便不管我同意与否，先替我买好车票，临时骗我上车，一直把我送到了上海。

在上海，我碰到了熊克武、但懋辛和井勿幕等人。我们于是一同南下，到香港去找黄兴和喻云纪，共同商议发动广州起义的事情。

在此之前，孙中山先生已与黄兴、赵声等在槟榔屿议定要在广东大举起义。为此，同盟会在香港设立了起义的领导机关——统筹部，由黄兴任部长，赵声为副部长。这次起义的计划是很庞大的，除在广东积极准备外，并派人到广西乃至长江流域各省发动，同时通知在日本和南洋各地的同盟会员尽量参加。这是鉴于过去几次分散性的起义都归失败，因此要集中全力，实行决战，而不计成败如何。所以这次起义仍是一种军事投机性质的冒险，并不是客观条件真正成熟了的有把握的行动。由于有了过去几次失败的经验，这次起义的准备工作是做得比较充分和周密的。为筹措经费，孙中山先生亲自到海外华侨中去募集。各方募集的结果，约得二十万元。为储备军火，派了几批人向好几个国家去购买。我一到香港，即被分配到日本去负责购运枪弹。而喻云纪等还专门设立了制造炸弹的机关。为这次起义，特别组织了五百人的选锋队（敢死队），其后更增至八百人。为这次起义组织的秘密机关达三十余处，四川同志即曾以我的名义组织了一处机关，名曰吴老翁公馆（吴公馆）。后来起义失败，人们都风传吴老翁牺牲，把我算作烈士。其实我根本没有到过这个公馆，而先到日本买军火去了。

买军火也并不是一件容易的事情，特别是大批购买，并且要把它秘密地送到香港和广州，困难就更多了。记得我第一批购得手枪一百一十五支、子弹四千发，交由周来苏运往香港。香港原是无税口岸，向不检查行李，所以我们将军火装作行李运送。周来苏从横滨上船以后，我忽然接到黄兴来电，说香港近日对“美国总统”号轮船曾经检查行李，要我注意。而周来苏这次坐的轮船恰恰就是“美国总统”号。我于是派王希闵赶赴神户，把周来苏的船票换为头等舱位，以避免检查。谁知周来苏胆小如鼠，当船过门司时，他忽然害怕起来，竟把所有的枪弹，一一投入海中。而船到香港，根本没有检查。香港诸人听说周来苏押械前来，无不喜如雀跃，待周到后，才知周已把枪弹完全丢了。大家于失望和愤恨之余，便给周取了一个外号，叫他“周丢海”。这样一来，我续购军火的任务就更重了。在购运军火的过程中，我也遭到过几次危险。一天正下雨的时候，我在急忙中亲自运送手枪子弹二千发到别处去。当时我手执雨伞，脚穿高脚木屐，两腋下各拴子弹一千发，外穿“和服”，行走起来极不方便，稍一不慎，就有摔倒的危险。不巧刚出秘密住所，偏偏遇上一个警察。我惟恐他看出破绽，便故意和他拉开一些距离，慢慢地走在他的后面。好容易走了半里之遥，右面横街又出来一个警察，走在我的后面，把我夹在中间。这时我真是提心吊胆，但又不敢稍露惊慌。我故意镇静地一直向前走去，大约走了一里之后，才趁势转到别的街道，把他们甩开了，并且安全地达到了目的地。当我卸下子弹时，虽然周身是汗，但精神上却格外轻松愉快，好像打了一个大胜仗一样。还有一次也很危险：平日军火装箱，都是由我亲自料理的。一连运出三四批以后，我因为事情太忙，就叫一个人去代替我管包装。这个人竟把一百二十支手枪装在一个长不到三尺、厚不过几寸的皮箱里。那箱子看起来不大，提起来却重得要命，几乎能使人跌倒。这样就引起了车站人员的怀疑，故意将交运牌子弄错。因为牌子错了，领取的人必须说明箱内装的什么东西，并且要打开箱子查看，如果完全符合，才能取走。这一箱子军火，怎么能打开看得？因此运到横滨后便被扣住了。我接到横滨的来电，急得不可开交。因为箱子写明运往香港，如果事情暴露，前几批军火正在船上，也会遭到没收；而且报上一张扬，甚至连广州起义的全盘计划都将由此破坏。我于是同陈策等立即赶到横滨。想什么办法去取那个箱子呢？我们首先买了一个同样的箱子，里面也装上一些沉重的东西，然后去找领事馆的秘书写信，说把箱子取出后即存于领事馆；如果能把箱子取出，则在途中偷偷地把它换掉。但那秘书正在写信的时候，却碰着领事出来，不让他写。实在无法了，我便让陈策冒险跑到车站去相机取出箱子。这时夜深人静，所有的行李都取走了，只剩下那个箱子，由一个日本人看守着。陈策装作很安详的样子，径直走到他的跟前，和颜悦色地同他交涉。陈说箱子是朋友的，钥匙早给带走了，实在无法打开，请他务必通融。他先打量了陈一阵，后来又听陈说得很诚恳，慢慢地态度已不那么严格了，而且表现出犹豫的样子。陈于是一面和他说好话，一面大胆地提着箱子就走了。当陈策提着箱子胜利地回到寓所的时候，我们是多么高兴啊！

当我开始在日本买军火的时候，黎仲实也来了。但他不是来买军火的，而是来要回扣的。他一见我就说：“把回扣给我吧，我要去救汪精卫。”我说：“我为革命买军火，从来没有拿过回扣，并以拿回扣为可耻。……现在既然要救汪精卫，那么就拿去吧。”当时我对汪精卫的印象还很好，听说要救汪，便立刻给了黎仲实三千元。我这次经手的款项前后大约有六万元，黎是按百分之五拿去的。黎拿到这三千元后即回香港去了。

在从香港往广州运送军火的过程中，还发现一个叫陈镜波的叛徒。因此又损失了一批军火。为了便于运送军火，曾专门在香港和广州开设头发公司，利用运头发藏运军火。为了运军火进广州和在广州城内运送，有时还不得不把女同志打扮成新娘，装作办喜事的样子，利用花轿来抬军火。总之，当时购运军火是十分困难和危险的，我们为此曾经想尽各种各样的办法。

正因为购运军火的困难，再加以温生才于4月8日（三月初十）刺杀了广州将军孚琦，引起了清朝政府当时在广州的反动统治者张鸣岐和李准等人的注意，所以原定于4

月13日（三月十五）的广州起义，不得不展期到4月27日（三月二十九）。4月23日（三月二十五），黄兴到广州指挥一切。4月25日（三月二十七），张鸣岐、李准调巡防军二营来加强了广州的防务，胡毅生（大革命时期的坚决反革命分子）、陈炯明（后为孙中山先生的叛徒）忽生畏惧，要求改期；姚雨平也故意要枪五百支，存心刁难。黄兴无奈，便决心自己去拼杀李准，而令赵声等各部退去，免遭敌人搜捕。赵声等刚起身返港，林时爽、喻云纪等去黄兴处反对解散和延期，说巡警即将搜查户口，起义日期只可提前，绝不能延后。黄兴遂决定以三四十人攻总督衙门去杀张鸣岐。4月26日（三月二十八），陈炯明、姚雨平报告：新来巡防军内多有革命同志，黄兴乃定4月27日（三月二十九）仍按期举事。事后证明，陈、姚的报告并不可靠。而黄兴发电要香港的人赶去参加，时间已经来不及了。因香港到广州只有早晚两班轮船，而能搭早班轮船的人数极其有限。我们在香港接电后，除派一部分选锋于27日搭早轮赶着先行外，我和胡汉民等都只能搭晚轮动身，因此急电黄兴务将起义展缓一日。等我们的电讯达到黄兴手中时，他的号令早下，大家都已行动起来，无法更改了。而这时陈炯明、胡毅生忽借此不愿发动，于起义前逃出了广州城。谭人凤在城门口碰着陈炯明的时候，问他“往哪里去？”他慌张地回答了一声“出城一下”，就一去不返了。姚雨平在起义发动后也藏着不敢出来，和陈炯明、胡毅生一样做了可耻的逃兵。这样便使黄兴领导的起义队伍成了无援的孤军，不得不遭到失败。本来，陈炯明、胡毅生这样的人不但缺乏革命意识，而且存有浓厚的封建地方主义思想，他们不像大多数广东革命同志那样，对外地赶来参加起义的同志，表示热忱的欢迎和衷心的合作；反而认为既在广东起事，参加的又以广东人居多，即应由广东人出来领导，因而对黄兴（湖南）、赵声（江苏）的领导心怀不满，并以此而处处与黄兴为难，最后更任黄兴领着无数志士去赴汤蹈火而不顾，实际上这时他们即已对革命犯下了滔天的罪恶，而成了千古的罪人。

4月27日（三月二十九）午后5时半，广州起义爆发了。黄兴亲自领着一队人直攻总督衙门，及至攻入后堂，才发现张鸣岐早已逃避。再返出衙门，恰遇敌人的大队人马。林时爽误信其中颇有党人，便欲晓以大义。他刚喊话出口，即中弹牺牲；黄兴亦伤右手而断两指。此后黄兴仍领着队伍奋勇杀敌，且战且走，直到最后剩下他一个人，才避入一家小店，换了衣服，逃到广州河南籍女同志徐宗汉家，由她看护，以后他俩即因此而结成了夫妇。起义的那一晚上，喻云纪、熊克武、但懋辛等另为一路，他们从后面攻入总督衙门。喻云纪胸前挂着满满的一筐炸弹，所向披靡。他用炸弹炸开督署后墙时，但懋辛受伤了。熊克武一面扶但（懋辛），一面战斗，颇为不利。他们走出督署，又与众往攻督练公所。喻云纪沿途抛掷炸弹，一人奋勇当先，敌人见之无不丧胆。但终因寡不敌众，横身被创，最后弹尽力竭，为敌所俘。当敌人审问他的时候，他慷慨激昂地说："学说是杀不了的，革命尤其杀不了。"然后英勇牺牲。

这次起义延续到第二天才失败。我们船近广州的时候，很远就听到了枪声，大家都很惊异，但因船上人杂，不便交谈。我估计是起义发动了，当海军士兵上船来检查时，我便问那操四川口音的军人，他说是城内革命党造反，打起来了。于是我也故意高声地附和，让大家知所警惕。我们下船后，立即赶至城外叫做"但公馆"的一所起义机关。这时枪声已经停止了。我们一面派人去了解情况，一面搜寻武器和制造炸弹的材料，准备马上行动起来，挽救这次起义。但四处搜寻的结果，仍是一无所得；而探消息的人回来又说起义已经完全失败了，并且官兵正在四处抓人。我们无奈，只得返回香港。

在这次起义中，革命党人表现了无比的英雄气概。例如从容就义的林觉民，在事前即给他妻子写了一封感情深挚的绝命书，受审时又挥笔写了一篇坚贞不屈的自供状，这些用血泪写成的文字，就是今天读起来还令人感动，足以流传千古。又如广东的李文甫和花县来的许多同志，据一米铺以米包为堡垒，与敌奋战，至死不屈。其余的烈士也都非常英勇。烈士们的英勇精神甚至使李准这样的刽子手也吓破了胆。李准在大肆屠杀之后又逮住了但懋辛。他亲自审问，当他得悉但系四川荣县人时，故意说："你是赵熙的学生吗？"而但却说："我不是赵的学生，我是革命党。"李于是又接着说："算你是革命党，自首免死。"不等但再说话，就把但拉下去关了起来，而没有杀害他。难道李准有点回心转意或是还顾及乡谊吗？不，不是的，杀人如麻的李准是毫无人性的，他从来不顾乡谊，更不会回心转意，他只不过是在革命者的鲜血面前发抖罢了。但懋辛下狱后，外边的人不知详情，误传他已自首，上海《民立报》还写了不少的文章骂他，后来事实弄清了，证明他被捕后还是坚决的。

这次起义，牺牲的人很多。后来有人收殓死难者的尸体，得七十二具。广州的人民为了纪念他们，把他们合葬在黄花岗。自此，"黄花岗七十二烈士"之名，遂传遍天下。

志士们虽然英勇无比，但是，没有发动广大群众参加的单纯军事行动，终于无法避免其失败的命运。这就是广州起义所以失败的根本原因。此外，如运送军火的失事，叛徒的混入以及陈炯明、胡毅生等人的临阵脱逃等等，都是造成失败的重要因素。对于陈、胡等个别广东人的封建地方主义，大家都非常不满。黄兴一到徐宗汉家，立即用左手在草纸上写了一封万言的长信，让我代交同盟会总部，其中说："实不啻集闽、蜀之同志而歼之"，对那些不顾大局的分子表示极大的愤慨。对于陈镜波那样的叛徒，人们更切齿痛恨。所以当陈不久以后来到香港的时候，洪承点便把他诱至郊外，用匕首将他刺死了，这一无耻的奸细终于受到了正义的惩罚。

广州起义虽然失败了，并且付出了无比高昂的代价，但是，烈士们的鲜血毕竟没有白流，它激发了无数的人们继起斗争，并使反动统治者吓得丧魂失魄。紧接着广州起义以后，辛亥革命的高潮就来到了，这并不是偶然的。因此，广州起义在中国历史上特别是在旧民主主义革命的历史上自有其一定的地位。

十五、铁路风潮

经过几年的斗争，粤汉、川汉铁路都归由商办以后，这两条铁路的股本虽然来自广大的人民，但铁路公司的权力却把持在绅商即地主和资产阶级手中。这些办理铁路的绅商，其腐败与清朝政府的官僚也相差无几。由于他们的贪污浪费，铁路股款已耗费很多，而铁路的修筑却很少进展。这种情形也曾引起人民的不满。但是，人民虽不满意于绅商把持路政，而对清朝政府把路权卖与外国，则尤其反对。1911年初，清朝政府与英、美、法、德四国银行团订立借款合同，邮传部大臣盛宣怀建议以借款为资本，实行铁道国有政策。5月9日，清朝政府颁布了一道“上谕”，说什么“干路均归国有，定为政策”。并威胁人民说：“如有不顾大体，故意扰乱路政，煽惑抵抗，则照违制论。”当然，清朝政府实行的所谓铁道国有，实际上是把路权出卖给帝国主义，而便于那些亲贵和官僚买办如载泽和盛宣怀之流从中渔利。这批贪婪的家伙为了从人民手中夺取权利和财产，竟毫无顾忌地通过清朝政府于5月18日任命端方为“督办粤汉、川汉铁路大臣”，要他去强行接收四省铁路公司；而于20日又与英、美、德、法四国签订“湖北、湖南两省境内粤汉铁路，湖北省境内川汉铁路合同”，向帝国主义拍卖铁路权利。清朝政府这一劫掠和卖国的行径，立即激起了湖南、湖北、广东和四川各阶层人民的一致反对。

在此之前，清朝政府为了欺骗人民，缓和革命斗争，曾于1909年于北京设立资政院，于各省设立咨议局。参加咨议局的人虽然绝大部分都是立宪派的士绅和上层资产阶级分子，但由于清朝政府的铁道国有政策，直接侵犯了他们的切身利益，所以他们便利用咨议局这个类似资产阶级议会的机关来发起保路斗争。

首先起来反对的是湖南绅商。他们聚集在咨议局开会，并散发传单，抨击清朝政府借外债修路，丧失国家主权。学生们继而罢课抗议，使斗争更趋激烈。湖南巡抚杨文鼎见民气激昂，怕事态扩大，便奏请照前办理；但清朝政府却严加申斥，要他对人民的保路斗争实行镇压。

湖北人民的斗争更为尖锐。革命党人詹大悲以"大乱者，救中国之药石也"为题，在《大江报》上发表了鼓吹革命行动的文章。湖广总督瑞澂逮捕了詹大悲，查封了《大江报》，于是各界人士数千人齐集咨议局开会，并有人断指痛哭，大呼救国。他们推出的代表到北京请愿时，曾经绝食三昼夜，表现了很大的斗争决心。

广东粤汉铁路的股东会议也一致反对把铁路收归国有。由于两广总督张鸣岐出示取消股东会议案，引起广东人民更加愤慨，于是争持纸币挤兑，以为反抗。在反动统治的高压下，股东们被迫逃至香港，组织保路会，继续斗争。同盟会在香港出版的报纸《中国日报》及其他各报，都对斗争极力声援，吓得张鸣岐竟下令禁止港报入境。

四川人民的保路斗争不但十分激烈，而且更为广泛和深入。当铁道国有的“上谕”传到四川的时候，四川人民愤慨异常。6月中，川汉铁路股东代表在成都开会。当时会场上一片哭声，情绪激昂，人们痛骂盛宣怀为卖国奴，邮传部为卖国机关。会议当场决定成立保路同志会，推立宪党人蒲殿俊、罗纶为正副议长，并派员分四路出外游说。接着，各县保路同志会次第成立，运动向全省发展，规模十分浩大。川省护理总督王人文见民情激愤，知道压迫必致引起变端，特为奏请暂缓接收铁路。昏庸残暴的清朝政府不但对王人文严加申斥，并将其革职，而且还派遣了著名的刽子手赵尔丰继任四川总督。赵尔丰以屠杀四川和西藏人民被称为“赵屠户”，他继王人文而任川督，更引起四川人民的愤慨。

与此同时，清朝政府又强行接收了川汉铁路宜昌分公司，并要以川款继续开工修路。这样，清朝政府就不仅从人民手中夺去了路权，而且从人民手中劫去了股款。人民的愤怒愈加不能遏止了。于是自8月下旬起，成都人民开始罢市、罢课；至9月初，更进而实行抗粮抗捐。这时立宪党人怕斗争发展下去会破坏封建秩序，力图将运动加以控制。为此，蒲殿俊等曾发出告白，要人民只求保路，不要反抗官府，更不可聚众暴动。但是，广大人民的革命斗争岂是少数立宪党人所能控制得了的，何况还有革命党人从中推动呢？

同盟会虽然并没有完全掌握这次运动的领导权，因而这次运动仍带有很大的自发性；但有一些同盟会员曾经在运动中起过较大的作用，在一定程度上推动了这次运动的发展。例如，龙鸣剑和王天杰（子骧）等同盟会员，一开始就看透了蒲殿俊等立宪党人的本质，知道他们不敢触及清朝政府的反动统治，因而除与他们共同进行合法斗争外，又暗地联络会党，准备武装起义。8月初，龙鸣剑、王天杰与哥老会首领秦载赓、罗子舟等于资州举行会议，根据龙鸣剑提出的“明同暗斗”的方针，决定组织同志军，发动武装斗争。当成都人民开始实行罢市罢课斗争的时候，龙鸣剑跑到成都城南农事试验场内，与朱国琛、曹笃等裁成木板数百片，写上省城业已发难，望各地同志速起救援的字样，然后将木板涂以桐油，包上油纸，投入河中。这就是后来人们所乐道的“水电报”。这些“水电报”顺着四通八达的河流漂去，下游的人便知道了成都发难的消息，纷纷揭竿而起。

9月7日，赵尔丰诡称北京来电有好消息，将蒲殿俊、罗纶、颜楷、张澜、邓孝可等人骗至督署，加以逮捕；同时封闭了铁路公司。这一无耻行径，立即激起了成都数万人民，前往督署请愿，要求释放被捕者。赵尔丰又命令军警开枪，当场打死群众数十人，伤者不计其数。在赵尔丰的疯狂镇压下，人民并未屈服，反而把斗争扩大了。不久之间，整个四川都沸腾起来，形成了波澜壮阔的全省规模的带有全民性的大起义。这时，过去威风凛凛、杀气腾腾的赵尔丰，被四周各县的同志军团团围困，龟缩在成都城内，一筹莫展。而清朝政府也吓得手忙脚乱，刚调用岑春煊入川宣抚，又下令端方派兵镇压。岑春煊虽也曾卖弄文墨，发出一篇娓娓动听的文电，想以此收买人心，缓和局势。但一则革命已成燎原之火，再也无法扑灭；再则端方之受命用兵，又把岑春煊所能起的那点欺骗作用，一扫而光；这样一来，岑春煊走到汉口，也踟蹰不敢前进了。至于端方，他面对着四川人民起义的汹涌怒涛，本来也有些害怕，但既然参了赵尔丰一本，而清朝政府又一再督促，便只得硬着头皮，领着队伍，冒冒失失地闯入四川。端方的领兵入川，不但更加激起四川人民的仇恨，使四川人民斗争的火焰愈益增高；而且鄂军西调，武汉空虚，又给武汉的革命党人造成了一个发动起义的绝好机会。后来武昌起义之所以能够比较容易地成功，这是一个很重要的客观条件。

十六、荣县独立

1911年4月的广州起义失败后，我和洪承点、熊克武等又匆匆地到了日本。因为洪承点刺死了叛徒陈镜波，在香港不能久待，所以我们走得很急。到日本不久，我看见铁路风潮兴起，估计革命运动会继续发展起来，便决心回国参加。6月，我回到上海。

这时，以宋教仁为首的一些同盟会员正在上海搞了一个同盟会的中部总部（中部同盟会）。这个组织虽号称为同盟会的分支机构，实际上是在那里闹独立性。不过，它主张以长江流域为中心、在中国的中部发动革命，而反对在边疆继续搞武装起义，这个意见在当时却是正确的。

当时，全国各处都曾不断地发生饥民暴动和抗捐抗税的斗争，其中尤以长江流域和山东一带最为普遍。1910年春，长沙发生了规模巨大的饥民抢米暴动，参加者二万余人，把巡抚衙门和外国教堂都给烧了。同年夏，山东莱阳又爆发了几万人的抗捐起义。1911年，长江流域大水成灾，饥民暴动和抗捐斗争更为发展。例如，湖南浏阳一带和浙江杭州、宁波等地饥民的抢米斗争，规模都是很大的；同时，上海、汉口等城市的工人斗争也日趋活跃；再加以铁路风潮的发生，就使得革命潮流更为高涨起来。中部同盟会虽然没有自觉地看到这种革命运动发展的趋势，但它所规定的活动方针在客观上却是符合于实际情况的。

我在上海并未停留多久，也没有见着宋教仁。但宋教仁他们却给我安上了主持四川同盟会工作的名义；这大概是他们觉得张懋隆资望不够，因而故意把我的名字放在他的前面。其实，我并未与闻过这件事。随后，我从上海到了宜昌。一路上看到人们都对清朝政府十分不满，而对革命极表同情；到宜昌又看到那里的川汉铁路职工正在为保路而斗争。这一切使我预感到有什么非常的事件即将发生。在宜昌，我们换乘专门行驶川江的蜀通轮船。这轮船虽说十分简陋，由一只机器船牵带着一只拖驳船并行前进，但比我们当年出川时所乘的帆船说来，已经安稳而又迅速多了。就是这样一只简陋的蜀通轮船，也竟然要请外国人来管理。不仅技术人员是外国人，连船长也是外国人。这位外国船长摆着帝国主义者的架子，对中国人十分凶狠。因为船上人多很挤，天气又热，所以到晚上有很多旅客到划子上去睡觉，而把划子系在那只载人的拖驳船上。到第二天清早，轮船的服务人员并不等旅客全部登轮，只是由机器船上的洋人鸣笛一声，就立刻开船，并且用刀砍掉系绳，将划子上的旅客弃置不顾。这些旅客，刚从梦中惊醒，即见轮船开走，无不仓皇失措。而且轮船急驶，风浪很大，几乎要把划子淹没。于是这些旅客便大声怒号，高呼求救。看见这种情景，我心中实在难以忍受，便用言语激励轮上旅众，一齐到饭厅里开会。全船旅众对这件事情都很忿恨，因此便喧嚷起来，痛骂洋人不顾中国人的性命，太不讲理。那位洋船长在机器船上听到人们叫骂，非常生气，竟把他的手枪取出示威。但是，人们毫不畏惧，由于更加愤怒，骂声反而更高。这时，船上的买办见众怒难犯，便将那洋船长劝回房里去，并把那些被弃的旅客接上船来。一会儿，只听得那买办对船长说道："这帮人都是留学生，谁也惹他们不起。"呵！原来你们只怕留学生，我要你们看看中国老百姓的厉害。我于是继起向旅众演说团结救国的道理，一时人们的情绪又复高涨，纷纷议论不休，吓得那帮洋人和买办低头无语，再也不敢寻衅了。

我经过重庆的时候，见到了谢持、杨庶堪等同盟会员。这时四川的铁路风潮已经闹得很大了，但重庆的革命党人却没有大举起事的图谋。他们只派了朱之洪为铁路股东代表，到成都去作些合法的斗争。朱到成都后也参与了成都革命党人的一些革命活动。我在重庆住了一日即继续赶路回家。路过永川时，我看见满街都挂着黄布，到处都扎起

"皇位台"。台上供着光绪帝的牌位，两旁写着一副对联：一边是"铁路准归商办"，一边是"庶政公诸舆论"。这是从光绪帝的"上谕"中摘出来的两句话，用以作为争路的根据的。市场两头的口子上，还有"文官下轿、武官下马"的牌子。一切全和皇帝死了办"皇会"一样。这种情形，乍看起来觉得非常可笑，但仔细一想，确是一种很高明的斗争方法。它既适合于当时人民群众的觉悟程度，又剥夺了统治阶级任何反对的借口，而且无论什么官员打从这里经过，都得下来步行，完全丧失了他们平日的威风。这种斗争方法虽是由立宪党人倡议的，但毫无疑问也是得到革命党人同意的。立宪党人取其温和而无犯上之嫌，而革命党人则利用它来广泛地吸引群众参加革命斗争。立宪党人用光绪帝的"上谕"来为自己服务，而革命党人又用立宪党人的方法来为革命服务，这段历史的发展是多么的有趣啊！

在夏历的"盂兰会"（七月十五）以前，我回到了家乡。一天，我往荣县城里去。走到南门外，看见一个人带着队伍，远远地走在我的前面，等进城后走到跟前一看，原来这个人就是龙鸣剑。他自从在成都用"水电报"发出起义的号召以后，马上赶回荣县，参加了王天杰等人发动的起义，组成了一支武装，现在正要率领这支起义队伍，前去攻打成都。他一见我，非常高兴，对我说道："你回来就好了。同志会由蒲、罗等立宪党人领导，作不出什么好事。我们必须组织同志军，领导人民起来斗争，才有出路。我马上要到前线去，一切大计望你细心筹划吧！"这样议定之后，他便和王天杰领着一千多人的起义军直赴成都去了。当出城门的时候，龙鸣剑异常激愤，他拔剑起誓道："不杀赵尔丰，绝不再入此门。"同行的军士们都很感动。

龙鸣剑、王天杰没有到达成都，在仁寿附近即和清军遭遇，发生战斗。随后他们又与秦载赓率领的起义军会师，组成东路民军总部，由秦载赓、王天杰任正副统领，龙鸣剑任参谋长。东路同志军与清军转战于仁寿和成都附近一带，因装备悬殊，补充缺乏，在秦皇寺作战失利。于是龙鸣剑、王天杰乃分兵改道攻取嘉定。接着他们又进兵叙府。在行军途中，龙鸣剑以积劳成病，更兼作战不利，病况愈恶，后来竟在宜宾乡下含恨而死。龙鸣剑为中国的资产阶级民主革命奋斗一生，特别是在四川的保路运动中，他起了重大的作用。他运用正确的策略推动着革命运动的发展；而当时机成熟时，他又毫不迟疑地立即发动武装斗争。在辛亥这年最紧张的夏天，他冒着盛暑，往返于成都、荣县的途中达六七次，这种为革命事业而不辞劳瘁的精神，实在令人钦佩。正因为这样辛勤的工作，才损害了他的健康，丧失了他的生命。他临死之前，仍念念不忘革命工作，并对王天杰提出了许多重要的意见。他虽死在异乡，但入葬的时候，群众自动前往送葬的竟达一万二三千人，可见他是多么受着群众的爱戴。像龙鸣剑这样的人，才是辛亥革命真正的英雄，但过去的一些资产阶级“历史家”却不怎样提到他，这是极不公平的!但是，只有人民群众才是历史的创造者和历史的裁判者，既然群众是那样地拥护他，“历史家”纵然不肯秉笔直书，他最后也是不会被埋没的。

自龙鸣剑、王天杰率领起义军离开荣县以后，我便承担起后方的全部责任。就是龙鸣剑起程的那天，荣县城里的大地主张子和请客，我也被请去了。席上有人持大地主、大当铺老板郭慎之上县官一禀，说什么“三费局”(征收局)被匪（按指龙鸣剑、王天杰）劫去了八百两银子，要张子和签署。我一看即问张子和道:“龙鸣剑和王天杰领着同志军去打赵尔丰，是替我们大家争铁路、争人格。他们是为国争权、为民除害，做的是正大光明的事情，怎么能说他们是土匪呢？”被我这么一问，满座的士绅们都哑口无言。我于是继续说道:“同志军到前线去为我们打仗，我们在后方应该继起支援。我提议全县按租捐款，替他们筹军饷。”对于我的提议，他们心里虽然不赞成，但却没有人敢出来反对。席散，我即召集各方人士商议，通过了按租捐款的办法，就这样为同志军解决了糈饷问题。有了经费以后，我更加紧训练各乡民团，并且还开了一个军事训练班，准备不断扩大队伍，支援前线。

当龙鸣剑病重离开部队以后，王天杰感到孤单，便率领部队回到荣县。清朝政府的荣县知县和郭慎之等土豪劣绅一听到消息就都逃走了。王天杰等来找我商量办法。我提出应立即宣布独立，自理县政，大家都很赞成。这时，广安县的同盟会员蒲洵因来与我联系工作，正住在我的家里。我考虑到本县人出来管理县政，容易惹起纠纷，于是便想请他来主持荣县民政。我征得他本人同意后，便提出来请大家讨论，大家一致拥护。9月25日（八月初四），我和王天杰等在城内召集各界开会，由我发表演说，宣布荣县独立，并提议蒲洵主持县政。大家都知道我是刚从东京同盟会总部回来的人，自己不图官职，却把蒲洵推了出来，而蒲洵也是同盟会员，并且又是外县人，与各方面全无矛盾，因此都很满意。于是，在一致欢呼声中建立了荣县的革命政权，从此，东路民军也有了一块根据地作依托了。

荣县起义，发动于8月初，比武昌起义要早两个月。荣县宣布独立是9月25日，比武昌起义也早半个月。因此，它的影响很大，成为成都东南民军反清武装斗争的中心。在荣县独立的前后，起义军还曾经占领过彭山、眉州、青神、井研、名山、洪雅、夹江等十数州县，但都旋得旋失，没有得到巩固。只有荣县建立了革命政权，并且一直坚持下去。辛亥革命胜利以后，蒲洵还在荣县做知事，他的政声很好，受到群众拥护，替当时的革命党人保持了荣誉。

我们虽然在荣县站住了脚，但小小一县的革命政权，是难于单独存在的，因此必须向外发展。我们首先去攻威远，马上就攻下了。再攻自流井，却遭到大队巡防军的抵抗，相持不下。这时武昌起义已经爆发了。我们由于被敌人严密封锁，并不知道外边的情况，只是从各种风传中听说湖北革命党造反，有一个姓黎的当了都督。这又引起了我们的疑问：既是革命党人起义，就应该打出孙中山先生的旗号，怎么会钻出一个姓黎的人来呢？我们局限在一个地方斗争而不了解整个局势的发展，真是苦闷极了。我们必须和外面取得联系！

十七、武昌起义

当时的传闻倒也不是假的。传闻中所说的湖北造反就是革命党人于10月10日发动的武昌起义，那个姓黎的都督便是黎元洪。

武昌起义的爆发并不是偶然的。它一方面是全国革命形势发展的结果，而四川沸腾的铁路风潮和带有全民性的武装起义更是促使武昌起义爆发的最重要的因素；另一方面它又是两湖革命党人长期艰苦工作的结果，而革命党人在新军中的有效活动又是武昌起义能够取得胜利的最重要的原因。

早在1904年，武汉就出现了科学补习所和日知会等革命团体。日知会的会员分布在湘、鄂两省，同盟会成立后，他们纷纷加入，因此，后来日知会差不多成了同盟会的分支机构。萍、浏、醴起义时，日知会曾经图谋响应。1906年，日知会遭到破坏，刘静庵（敬安）、胡瑛、季雨霖、李亚东、张难先等被捕入狱。1908年7月，革命党人在武昌拟组织军队同盟会未成。7月，杨王鹏等人发起在新军中组织群治学社，并刊行《商务报》，积极鼓吹革命。1910年，群治学社拟乘长沙的抢米风潮举行起义，引起了湖广总督瑞澂的注意，遂改名为振武学社，表面上宣称讲求武学，暗地里从事革命活动，扩大革命组织。1911年初，因遭受挫折，又改名为文学社，以研究文学作掩护，而积极地在新军士兵中发展革命组织。同时发行《大江报》，从事革命宣传。文学社的主要分子为蒋翊武、詹大悲、杨王鹏、刘复基等，社员至1911年7月，已有五千多人。当时湖北的新军共计不过一万六千人左右，而文学社员却占了这么大的数量，可见作为清朝反动政府支柱的新军，已经随着革命运动的发展，由于革命党人的工作，而一步步地革命化了。此外，共进会在两湖地区也拥有一定的力量，这时湖北的孙武和湖南的焦达峰等，正在共进会的名义下，积极从事联络会党的工作。1911年夏，中部同盟会在上海成立后，极力策动共进会和文学社合作。经过多次协商，这两个群众基础较好的革命团体终于联合成功。8月，它们鉴于四川的铁路风潮已开始发展为武装起义，感到革命的时机已经成熟，便共同组织了一个领导机构，准备大举起义。起义的临时总司令部设在武昌小朝街85号，由蒋翊武任总指挥，孙武任参谋长。

9月初，清朝反动政府被四川人民的革命斗争吓坏了，连忙派端方从湖北调一部分新军入川镇压。湖广总督瑞澂知道新军中潜伏着大批革命党人，所以新军调走，他非常高兴。但革命党人却恐新军分散，于革命不利，因而急谋迅速举事。9月24日，革命党人举行会议，决定在中秋节（阳历10月6日）发动起义。此后，武汉的街头巷尾，到处都传遍了中秋节杀鞑子的故事，风声越来越紧。这时，瑞澂才感到军队调走，防务空虚，恰好给革命党人造成了良好的机会，给自己带来了无穷的困难，不仅从前的高兴化为乌有，而且吓得心神不安，坐卧不宁，竟自把行辕设在兵舰上，每天偷偷地到那里去睡觉。

由于准备工作没有做好，原定的起义日期被推迟了十天。谁知10月9日（八月十八）的上午，孙武等在汉口俄租界宝善里制造炸弹的时候，不慎失事，孙武头部受伤，机关遭到破坏，所有起义的旗帜、符号、文告、印信均被搜去。因为起义计划暴露，怕迟延遭到损失，蒋翊武便以总司令的名义发出紧急命令，决定当晚午夜起义。这一命令还没有完全传达下去，武昌小朝街的起义总部和其他许多机关，都又遭到破坏，起义的领导人员大批被捕，蒋翊武乘机逃走。这天晚上，瑞澂一方面残酷地杀害了被捕的起义领袖彭楚藩、刘复基、杨宏胜三人，一方面紧闭城门、封锁营门，根据所获名册到处搜索起义分子，弄得满城风雨，空气十分紧张。一时人心惶惶，谣言四起，不但革命分子人人自危，就是与革命党人稍微接近的人，也都惴惴不安，大家都感到与其坐以待毙，不如起而斗争。

10月10日（八月十九），瑞澂根据名册继续大索革命党人，并扬言要把革命党人斩草除根。这样一来，武汉三镇完全陷入恐怖的气氛中。至此，新军中的一些革命分子便决心起来反抗，以图死里求生。当晚7时，住在武昌城内的新军第八镇工程第八营后队，其中的革命党人熊秉坤、金兆龙等正欲行动，被排长陶启胜发觉。陶命左右绑金，金大呼“同志动手”，全队士兵齐声响应。反动军官或被击毙，或闻风逃走。起义士兵四十余人，在熊秉坤的率领下，一直向楚望台军械局进攻。当夜在楚望台防守的工程营左队士兵，也纷纷起来响应起义，于是军械局遂被起义军占领。这时武昌城各处革命党人听见枪声，也纷纷起义，并不断奔赴楚望台。经过大家计议，决定进攻督署，捕杀瑞澂。但因部队纷乱，缺乏指挥，进攻不克。这时，起义的士兵越来越多，起义的范围越来越大，熊秉坤感到指挥困难。恰好这时有一个士兵把工程营左队队官吴兆麟找到了。吴是在楚望台士兵响应起义时乘隙逃跑的。由于他平日在士兵中还有一些信仰，所以现在被大家推为临时总指挥。吴当即根据情况，提出作战方针，同时又申明纪律，重新发动对督署的进攻。瑞澂在猛烈的进攻下，破墙而出，逃上兵舰。其余清朝官员，也都在起义的枪声中逃得干干净净。至11日上午，武昌遂为起义军完全占领。

起义取得了初步的胜利，但由谁来负责领导呢？当时在起义军方面，从前的领导人员或则被捕，或则逃亡，正是群龙无首。他们在吴兆麟等人的建议下，把从前的新军协统黎元洪找出来做了都督，把从前的咨议局议长汤化龙找出来做了民政总长。汤化龙是一个著名的立宪党人，根本就不赞成革命。至于黎元洪，不但从前残杀过许多革命党人，就在起义那天晚上，他还手刃了一个送信的革命士兵，后来见起义势盛，才逃匿在他手下的一个幕友家里。当吴兆麟派人去请他的时候，他吓得浑身发抖。他见了吴兆麟，不但不肯拥护起义，反而责问吴为什么造反。以后大家把他拥为都督，他还是不敢在安民布告上签字。后来别人强迫把他的辫子剪了，他还为那条奴隶的标志哭了一场。等到汉阳、汉口光复，一直等到10月17日，驻汉口的各国领事都宣告“中立”以后，黎元洪才宣布就任都督的职务。武昌起义的结果既然是由黎元洪、汤化龙这样的人物出来当权，那么，它以后逐步走上和反动势力妥协的道路，就丝毫也不奇怪了。

随着武昌起义的胜利，各省也纷纷响应，宣告独立。清朝政府二百余年的反动统治，很快就陷于土崩瓦解的状态中。但是，各省的情况也和武汉相差不多，革命的果实没有落在人民的手中，而是被一些军阀官僚和立宪党人篡夺去了。

十八、内江起义

端方自从9月初奉到清朝政府“入川查办”的命令以后，即率领大队鄂军，浩浩荡荡地杀往四川。但是，他的队伍还没有到达成都，武昌起义就爆发了。在端方的鄂军中，有很多的革命党人，他们一进入四川，便极力想和四川的革命党人取得联系。鄂军后队中有一个名叫田智亮的革命党人，在万县遇着了四川的革命党人张颐。经过他们的密商，决定派人到资州一带联络前队士兵，发动起义，捕杀端方。端方刚入川的时候，虽然其势汹汹，但愈往前走，愈发感觉自己陷入了人民群众层层的包围之中；加之武昌起义的消息传来，更吓破了他的肝胆；所以到了资州，他便踌躇起来，再也不敢贸然前进了。他虽然派了一支队伍，去援救在自流井被民军所困的巡防军，但也只走到内江和威远交界的界牌地方就停下了。

这时，我们民军方面，对整个大局并不了解，只见久攻自流井不克，巡防军愈聚愈多，而端方又派兵前来，便感到形势十分严重，因此人心不免有些惊慌。同志们都要我赶快想办法。我于是和大家约定：由他们坚守阵地，我到外面去搬救兵。我说："只要你们能坚决死守，一星期以后必有救兵来到。"我早先就从孙武那里知道新军中潜有许多革命党人，现在端方领兵来到，我相信孙武他们是一定会派人来找我的，所以我才敢这样大胆地说。同志们因我从来不说假话，对我很有信任，所以听了我的话以后，情绪十分高涨，都愿意死守待援。我看见这种情况，也就比较放心。11月21日（十月初一），我同吴庶咸二人偷偷地越过敌人防线，走到贡井一个同盟会员家里住了一夜。这位同志潜伏在敌人的警察署里工作，成天地盼望民军打来，他好率部响应。我们把他那里的工作部署好了之后，又连夜轻骑赶赴内江。内江的革命党人很多，烈士喻云纪的家也在那里，极便于我们藏身和进行工作。我们于23日（十月初三）到达内江，住在喻烈士的家里。这时恰好有端方的队伍经过，我们很快就和其中的革命党人接上了头，决定由他们到资州杀掉端方，我们在内江发动起义。

11月25日（十月初五），端方的队伍果然在资州起义了。平日骄横不可一世的端方，这时竟在起义的士兵面前哀求免死，胡说什么他祖先原本汉人，隶入旗籍还不满四世……想以此骗取一条活命。但是，对于这个作恶多端的无耻家伙，起义的士兵们毫无怜惜地把他杀死了。士兵们公推革命党人陈镇藩为入川鄂军的统领，而陈也就马上派人到内江来与我联络。

11月26日（十月初六），内江的知县听到了端方在资州被杀的消息，便立即逃走了。巡防军接着也逃跑一空。有人到喻云纪家来找革命党人。我们于是决定立刻行动，并且马上到了团练局。这时有些革命同志正在那里同团练局局长谢仲辉谈判。谢说什么土匪来了他可派兵去打，同志军来了他可派人交涉，如果鄂军来到，治安问题他就无法负责了。我当即回答说：“治安问题完全可以保证，但你必须首先将团练局交出。”谢不肯答应，聚集在外面的群众便大声怒吼：“非交不可，一定要交!”谢不得已才应允交出。我们于是立即将团练局接收。接着，喻云纪的父亲和当地同志便去召集群众，在天后宫的大戏台前开会。一时前来参加的有好几千人，情绪空前热烈。当由我上台宣布革命宗旨，主张建立革命政权，群众听说，欢呼万岁，声震屋瓦。当场通过成立内江军政府，并一致举我为行政部长，吴庶咸为军政部长。当成千的群众把我们拥到县署去办公的时候，我深深地感到群众力量的伟大，真是顺之者昌，逆之者亡，丝毫不爽。

成都的革命党人，知道我曾经组织过共进会，而共进会与新军素有联系，因此，当端方的队伍逼近成都的时候，他们特派康宝忠和董修武两人赶到我家，邀我到成都去策划起义。他们到我家扑了个空，又跟踪追到内江，正赶上内江起义成功。他们到县署一见我就说：“省城的同志都准备好了，专等你去，好发动起义。我们立刻一起动身吧!”我说：“这里今天才组织起来，不能马上离开。你们请先回去，告诉同志们努力奋斗。我一星期后就到。”就这样，他们便赶回成都去了。

陈镇藩派人和我们取得联系之后，于11月27日（十月初七）率军来到内江，我们特开大会表示欢迎。内江人民看见这么多装备精良的军队和人民站在一起，情绪更为兴奋。起义军队受到人民的热烈欢迎，也非常感动。在欢迎会后，我要陈镇藩把军队留在四川，共图大举。他说："现在军心思归，而且武汉方面战争还很激烈，我要赶快率队回鄂，替革命效力，但求你们沿途替我疏通，我就万分感谢了。至于四川的事情，还望四川同志好自为之。"随后，他送了我们快枪四十余支，我们也送了他一千五百两银子，并且告诉了他沿途联系的方法。就这样我们便匆匆地分别了。

我们在内江举行起义的时候，还不知道重庆已经在11月22日（十月初二）宣布独立。原来11月5日，夏之时就在成都附近的龙泉驿率部起义。夏是四川合江人，曾经留学日本的东斌学校，并在那里加入了同盟会。他毕业回川后，在清军中担任排长，驻扎成都。当四川保路运动达到高潮的时候，他看到革命的时机已到，便准备发动起义。恰好这时他奉命率领步兵一队驻守龙泉驿。他趁机暗地向士兵们进行革命宣传，士兵们都很感动，愿意随着他参加革命。这时驻在龙泉驿的还有骑兵和辎重兵各一队，夏又派人去进行宣传，结果这两队的士兵也愿意和夏部一致行动。到了11月5日的晚上，夏之时集合三队的官兵二百余人，在驻地附近的一所庙里宣布起义，当场将驻龙泉驿指挥的东路卫戍司令魏楚藩处死。这天晚上，恰有新军教练官林畏生奉赵尔丰的命令，前去迎接端方，正好住宿龙泉驿。他听到庙内欢声大起，赶忙前去察看。有一个士兵认识他，马上举枪对他射击。夏之时立刻起来保护他，因此他虽然受伤，幸免于死，并且还参加了起义队伍。

起义成功后，士兵们一致推举夏之时为革命军总指挥，当夜整装东行，直奔重庆。由于当时端方的部队驻在资州，所以他们绕道取小川北路线东下。他们沿途受到群众的欢迎，并不断地扩大了革命队伍。11月21日（十月初一）夏军到达重庆近郊。当夏军接近重庆的时候，重庆的革命党人就派人前去与他取得了联系。11月22日（十月初二）夏军在城内革命党人的协助下，胜利地开入了重庆城。由于夏军的到来，清朝反动政府在重庆的官吏见大势已去，除个别逃跑者外，其余的都被迫向革命党人投降。当天，重庆各界群众在朝天观举行大会，成立了蜀军政府，推举张培爵为都督，夏之时为副都督，并通电全国宣布独立。

重庆蜀军政府成立后，一再函电催我前往。这时我已知道武昌起义成功，全国纷纷响应，我把整个大局仔细考虑之后，觉得必须与领导全国革命的总机关取得联系，才好进行工作。因此，我把内江的工作安顿就绪之后，便于

12月2日（十月十二）起程，连夜赶往重庆去了。

十九、重庆军政府的军事裁判会

重庆蜀军政府成立后，立即组织军队，准备西上讨伐成都。这时，在全国和全省革命潮流的袭击下，成都发生了一系列的政变。

自从端方在资州被杀、内江起义成功，进攻自流井的民军，因此也取得了胜利。于是，成都四周的民军，势力大振。

这时被民军围困了几个月的赵尔丰，眼看救兵已经绝望，成都早晚要被打开，他便作这样的考虑：与其被革命党推翻，不如将政权交给立宪派，便于保存实力。就这样，11月27日，在立宪党人和赵尔丰的勾结下，成都扮演了一出“独立”的滑稽戏，成立了所谓“大汉四川军政府”，由立宪派头子蒲殿俊担任都督，赵尔丰的心腹新军统制朱庆澜担任副都督。至于赵尔丰，仍被委以办理边防的重任，实际上操纵着军政大权。

对于这样的“独立”，人民当然不会满意。各地民军都以“索赵”为号召，继续向成都进攻。这时，赵尔丰已确知清朝中央政府尚未垮台，于是又阴谋复辟。12月8日，蒲殿俊到校场点兵，巡防军在赵尔丰的唆使下，发生哗变。

蒲殿俊从此躲藏起来，连都督也不敢当了。四郊民军看到这种情形，非常愤慨，便相率入城，将赵尔丰围困在督署里面。赵尔丰的复辟阴谋终未得逞。

经过这一场事变，成都军政府为了欺骗人民和敷衍民军，不得不实行一番改组。于是，曾经留学日本的前陆军学堂总办尹昌衡当上了都督，与哥老会有联系的罗纶当上了副都督，同时还拉了几个革命党人来当部长，以资点缀。但是，人民对赵尔丰的仇恨，始终不能平息下来。立宪党人看到不杀赵尔丰，不足以平民愤，将会引起深刻的革命，因此，才不得不借赵尔丰的头来缓和群众情绪。12月22日，尹昌衡和立宪党人依靠着民军的力量，解决了督署的武装，捕杀了赵尔丰。立宪党人在捕杀赵尔丰之后，便马上回过头来对付民军。在他们软硬兼施的进攻下，缺乏正确思想领导的民军首领，有的被腐化收买，有的被残酷杀害。于是，轰轰烈烈的起义运动，竟被瓦解，人民艰苦斗争的果实，竟被立宪党人窃夺去了。

从这一系列的事变中，可以清楚地看到：赵尔丰是清朝反动统治在四川最顽固的代表者，他曾经用尽一切办法，来挽救清朝反动政府在四川所遭遇的危机，他自始至终没有动摇过对清朝政府的忠心，以至最后和清朝政府的反动统治同归于尽。以蒲殿俊、罗纶等为首的立宪党人，则代表着四川地主阶级和上层资产阶级的利益，虽然他们也曾假借革命群众的力量，向清朝反动统治者作过一定程度的斗争，但是，他们最害怕的是群众真的革起命来，动摇了封建统治的社会基础，所以，他们对赵尔丰等清朝反动统治的代表者总是特别“宽大”，而对起义群众却格外的残忍无情。至于起义的民军，它基本上是由自发参加斗争的广大下层群众所组成的，其领导成员多半为会党首领，只有少数是革命党人，他们当中有不少的优秀分子（如龙鸣剑等）大多在残酷的斗争中牺牲了，而剩下来的人后来却上了立宪党人的圈套，无形中成了替他们争夺江山的工具。但是，无论是争路运动和推翻清朝的功劳，都应该归之于这般下层群众和他们的领导者身上。

赵尔丰是屠户、立宪党人大部分都是骗子、起义民军大部分都是好人，这并不是什么高论，而是广大人民群众早已做出的历史定评。但是，周善培却不同意这种论断，为此，他特地写了一本《辛亥四川争路亲历记》，把赵尔丰描写成实行禅让的尧舜，把立宪党人视为彬彬有礼之士，而把革命党人和起义群众则看作大逆不道的匪徒。但是，事实毕竟是事实，周善培的无耻妄说，有谁能相信呢？其实，周善培在这次运动中，担负了一个颇不光彩的角色，他曾经以提法使的地位参与了赵尔丰镇压和破坏人民革命斗争的一切残暴行为和阴谋活动。当然，平心而论，他和赵尔丰还是有所不同的，他虽然坐在他的大帅（赵尔丰）的那只船上，但他一看风头不对，就把一只脚踏到立宪党人的那只船上去了。因此，他比他的大帅总算要开明些。不过若与他的采帅（王人文）比较起来，他就未免有些逊色了。因为他的这位采帅，曾经为庇护立宪党人而丢掉了官职，也就是说，当他看到清朝政府这只破船快要沉没的时候，就从船上跳了下来，而不像周善培那样犹豫不决地踏在两只船上。因此，周善培根本就没有资格写什么《辛亥四川争路亲历记》，因为他根本就没有亲历过四川人民的争路斗争。他如果为人老实，肯把他们那帮人如何反对四川人民争路的亲身经历写出来，倒一定会有许多非常精彩的内容。但他不肯如此，却硬着头皮把他反对争路的亲历写作争路的亲历，因此就不免要大闹笑话了。读者只要翻开他的书一看，满纸都是大帅、采帅之类的称呼，他的反动立场就怎么也掩盖不住了。

当重庆蜀军政府正在组织军队准备讨伐成都的时候，它的内部曾经发生过一次严重的危机。这次军事行动，原定由夏之时以副都督的身份亲自领兵出征，而以总司令林畏生兼任北路支队长。林对此发生误会，以为摘掉了他的总司令职权，大为不满。本来林的参加革命就是出于被迫，根本没有什么觉悟，及至当了蜀军总司令，他自以为过去在新军中的地位比夏要高，因此，对夏常出不逊之言，态度非常傲慢。现在又误认夏在故意压抑他，一怒之下，即将支队长的委任文书和一切印信当众撕毁，并且破口大骂，持枪握拳，闯进军政府，声言要找夏之时拼命。而且林手下有一两个团长，更横行不法，纵容着士兵四出扰民。

我到重庆的时候，正碰到这种情形，当时重庆到处街谈巷议，人心惶惶不安。而张培爵和夏之时对此却毫无办法。刚刚成立不久的蜀军政府，差不多陷入了无政府的状态中。张培爵见我来到，非常高兴，连忙要我想个办法。我严正地说："只有严明纪律，才能维护革命政权。现在必须召开一个紧急会议来讨论这件事情，并准备实行军事裁判，整顿军纪。"

张培爵很同意我的意见。这时虽已深夜，但他仍立刻下令召集全体负责军政的人员开会，不许携带武器，并令守卫妥为戒备。一会儿，人们到齐，会议开始。夏之时首先报告事情发生的经过，请全体讨论解决。这时林畏生毫不在意地起来大声说道："我林畏生罪多得很！砍官防，其罪一也；撕委任状，其罪二也；辱骂都督，其罪三也；闹军政府，其罪四也。看你们敢把我林畏生怎么样！"他气势汹汹，说完就坐下。过了许久，没有一个人敢起来发言。

我看见这种情形，非常气愤，心想既为革命党人，对清朝反动政府都敢起来革命，为什么对这样一员悍将就不敢斗争了呢？于是抑制着愤怒，从容地起来说道：“我们革命的宗旨是推翻清朝专制政府，实行民主政治，解除人民痛苦，并不是以暴易暴。我们革命党人是不侮鳏寡，不畏强暴的。扶正义，打抱不平，正是我们革命党人的本色。如果我们今天刚一胜利，就横行霸道，和清朝官吏一样，实在违反革命初衷。……”

我沉痛地讲了两个小时，最后主张执行革命纪律，把这个会议变为军事裁判。全场热烈鼓掌，表示同意。这时林畏生才不时地看我，对我这样一个陌生人的讲话，感到惊异。

接着夏之时说：“我是当事人，不便主持裁判。我提议请最近由同盟会总部派来的、孙中山先生亲密的朋友吴玉章同志做裁判长。”大家表示赞成。这完全出于我的意料。我想：由于我的提议才召开这次会议，现在要我来主持裁判，岂不是故意把杀人的事情推给我做吗？但接着又想：如果推辞，旁人也是一定不干的，事情又怎么解决呢？于是，便毅然接受了大家的推举，并且向大家说道：“第一，我说明犯罪的行为时必须得众人的同意；第二，我判决的处罚也必须得众人的同意；第三，判决后犯罪人得申诉或声明不服，并说明不服的理由；第四，判决后一定要遵照实行。必须大家都赞成这四个条件，我才能就职。”

大家都说：“这是最公平的裁判法，我们赞成。”

于是，军事裁判就立即严肃地开始了。我详细地说明林畏生的犯罪行为违背了革命宗旨，危害了人民利益，无异企图推翻革命军政府，应照军政府规定的军法处以死刑。问大家同不同意，大家表示赞成。于是又问林是否服罪，限他二分钟以内讲话。林却沉默着。又延长五分钟，他仍不讲话。经再四催促，他才说：“说我想推翻军政府，我没有这个心思。”我说：“我不能知道你有没有这个心思。但判断犯罪以客观行动为标准，你的行动是危害军政府的。”他再也没有话讲了。于是我就请夏之时执行判决。夏却犹豫起来了。他结结巴巴地说了几句应该特设什么什么的话。他的意思是说，裁判既是特设的，执行也应该特设。因为他说得不清楚，有些人就以为是“特赦”。于是他们又反过来为林畏生辩护，说林也是参加了起义的人，应该从宽处理，赦免他。

我坚决反对，认为大家刚才约定的条件，不应该马上就自己推翻。辩论了一小时，还是没有结果。有一个激烈的革命党人愤慨地说：“像你们这样懦弱畏缩，我就拿炸弹来把大家炸死算了。”大家又纷纷反对他。我说：“不必性急。我试问林畏生这样蛮不讲理的人，谁能保他以后再不做乱事呢？”

这时有一位姓舒的团长起来说：“我保他，我们四团人保他。”他话犹未了，卫队中几个士兵就齐声说：“就是这个家伙最坏！”因为士兵们说话时过于激动，挤得刀枪碰击作响。那位舒团长恐怕有人打他，急忙把头低下去躲藏，猛地一下碰到桌子角上，流出血来。大家以为士兵开了枪，都赶快逃避。石青阳尤为可笑，竟把茶几顶在头上，跑了出去。这时会场上就只剩下我和张培爵、夏之时、林畏生四个人。林也和张、夏两人一同劝士兵们归于安静。卫兵说：“就是那舒团长劝林司令做坏事。”我说：“现在暂把舒团长扣下，另案办理。今晚还是要把这个案子结束。”

接着又把大家都请了回来。好在军政府戒备很严，没有一个人逃得出去。大家坐定后，我看林畏生并未趁这次扰乱逃走或者有什么不好的表现，也就有从轻处罚的意思了。因此我就和大家商量：“有人说要特赦他，但是谁能替他保证呢？”谢持、朱之洪说他们愿意担保。最后决定立刻解除他的职务，并且派人送他回湖北原籍。

这件事情充分地表现了当时蜀军政府的软弱无力，也表现了当时这些革命党人的畏缩、妥协。然而，经过了这一次严重的斗争，蜀军政府总算得到了暂时的巩固，更重要的是重庆人民都高兴为他们除去了一个祸害。

这时已是1911年的12月了，南京已被民军攻克，中华民国临时政府正酝酿在南京成立。孙中山先生也已经从国外回来，首途前往南京。因此，我也准备到南京去。于是，重庆蜀军政府就让我和杨庶堪作为它的代表到南京去参加临时政府的工作。

廿、南京临时政府

武昌起义爆发后，清朝政府非常惊慌，连忙派陆军大臣荫昌率领北洋军两镇前往扑灭。但北洋军的将领，都是袁世凯的爪牙，荫昌指挥不动。当时一切外国帝国主义者和中国封建统治阶级中的许多有力人物都认为袁世凯是个“人才”，只有他才能挽救中国反动势力的灭亡。清朝政府不得已，只好再度起用袁世凯。袁自从1908年被清朝政府解除职务以后，即在彰德“养病”，而实际上仍然控制着他自己所培植起来的北洋军队。现在，革命兴起，清朝垂危，正是他玩弄权术的绝好机会。清朝政府发表他做湖广总督，他故意坚辞不就。一直等到清朝政府答应了他的全部条件，赋予了他以全部权力，并且任命他为内阁总理大臣以后，他才出来组织力量，对革命展开进攻。

有一个名叫朱芾煌的川籍同盟会员，在武昌起义以后，估计到袁世凯一定会得势，便跑到袁那里去进行投机。他去到彰德，看见袁世凯布衣草帽，成天在那里钓鱼，装作不问国事的样子。朱于是劝袁趁机把清朝政府的军政权力夺取过来，然后投效革命，那么革命方面一定会推袁出来统一中国；并表示他愿意为袁在革命方面进行疏通。袁听了以后，表面上虽然没有什么表示，暗地里却非常喜欢。因此，他把朱芾煌留作策士，待以上宾之礼。不过，袁从清朝政府那里取得大权以后，并不是去投效革命，而是要革命投效他，由他来做中国的独裁者。在袁世凯还未北上组阁之前，清朝政府迫于形势，已经把汪精卫、黄复生等革命党人释放出来了。汪出狱以后，便和北方大官僚、大地主、大买办的代表李石曾等结合在一起，组成了一个京津同盟会。在京津同盟会里面，虽然也有不少真诚的革命分子（如彭家珍等）；但它的主要成员如汪精卫、李石曾等，则专门为袁世凯捧场。他们和中外许多反动分子一样，认为只有袁世凯才能收拾当时中国的时局。汪精卫为了巴结袁世凯，还与他的长子袁克定结为兄弟。

袁世凯既从反革命方面取得了权力，又与革命方面的不肖分子有了勾结，他就可以在革命和反革命之间操纵自如，而对革命也既可以打又可以拉了。袁世凯奉命组阁以后，看到革命正在迅速发展，便决定对革命实行进攻。他一方面用计刺杀了准备在石家庄起义的革命党人清军第六镇统制吴禄贞，使反革命的中心直隶和北京得到巩固；另一方面集中兵力，从革命军手中夺去了汉口和汉阳，并隔江炮击武昌，使武昌的军政府受到严重的威胁。但是，他并没有乘虚渡江进击武昌，因为他需要养敌自重。他于展开军事进攻的同时，又对革命方面展开了和平攻势。于是，12 月中旬，在帝国主义的干涉和压迫下，民军代表伍廷芳与清朝政府（实际上是袁世凯）的代表唐绍仪达成了临时性的停战协定。自此以后，双方就没有再发生什么大的战事。

本来，武昌起义爆发以后，全国人民的革命情绪空前高涨。在革命党人的领导和影响下，各省的新军和会党纷纷发动起义。到 11 月下旬，全国二十四个省区，就已经有十五个省宣布独立。若把边远地区除外，这时清朝反动政府能直接控制的地方已经很少。就是这些地区，也在酝酿着革命。甚至它肘腋之下的直隶省，也曾经爆发过起义。而且，广大农民还掀起了反封建的斗争。例如江苏、广东和湖南等省，即有很多农民自动武装起来，惩办土豪劣绅，反对封建压迫。其他各省也都发生过大小不同的农民起义。至于四川的农民斗争，其规模之大，除了太平天国运动以外，近代史上再没有可以和它比拟的。为了保卫武昌起义，起义各省特别是湖北人民曾经作了英勇的斗争。无数工人、农民乃至一些知识分子，都纷纷参加起义军队，并且在战斗中表现非常勇敢。当民军和清军作战的时候，广大人民更是极力支援民军，打击清军。这说明革命思想已经深入人心，清朝政府的反动统治，再也无法继续维持下去了。

但是，这样高涨的革命斗争，却没有一个坚强的政党来领导。同盟会自广州起义失败以后，即已趋于涣散；而至武昌起义以后，几乎陷于瓦解的状态。章太炎说："革命军起，革命党消。"这两句话虽是极端错误的，但用来形容当时的情况，倒很合乎事实。而立宪党人这时却很活跃。他们摇身一变，钻入革命阵营，并把革命的领导权窃取而去。昨天还在拥护君主，今天忽然"赞成共和"，许多立宪党人就这样成了"开国元勋"。由于他们的混迹革命，革命方面的矛盾和纠纷更为增加了。因此，武昌起义后，各省虽然纷纷响应，但好久也建立不起一个统一的领导机关来。当时，武汉和上海之间为了建立中央政权就发生过很大的争执。后来，上海方面让步了，起义各省代表才由上海转赴汉口开会。就在这个时候，袁世凯的反革命军队占领了汉口、汉阳。于是这批代表就跑到汉口的外国租界里去开会。他们不敢讨论如何组织力量，打退袁世凯的进攻；如何推进革命，争取全国的胜利；却在那里咬文嚼字地讨论什么临时政府组织法，把注意力集中在如何猎取官位上面。更可怪的是，他们竟在袁世凯的炮火下通过了一个“如袁世凯反正，当公举为大总统”的决议，充分地暴露了他们在革命初起的时候，就早已做好妥协投降的准备了。

12月2日，江浙方面的革命军队攻克了南京，于是各省代表决定以南京为临时政府所在地。在南京临时政府的筹备过程中，各派势力之间又因为争夺权势，闹得不可开交。直到孙中山先生于12月末回到上海，才打开了僵局。接着，孙中山先生被推为临时大总统，中华民国临时政府于1912年元旦正式宣告成立。但是，根据临时政府组织大纲的规定，临时政府只设立五个部，粥少僧多，怎能容纳这么多要做官的人呢？这时，有一个叫李肇甫的同盟会员，在总统府秘书处工作，他出身于官僚家庭，懂得旧式官府的那一套组织，于是由他提出一个扩大政府组织的办法来，把差不多所有的人都安置下来了，因此大家都很满意。这个临时政府，既有立宪党人，也有官僚军阀，但革命党人还是占着主要的地位。它是一个以资产阶级为主体的政权。因此，它极力想在中国实现资产阶级的民主政治。但是，由于中国的资产阶级的软弱性，资产阶级民主政治在中国是没有实现的条件的。而且，当时南京临时政府本身就处在风雨飘摇中。孙中山先生当选后，根据事前的规定，立即致电袁世凯，表示和议成功，即当避席。孙中山先生这个总统，实际上只不过是一个主持和议的总统罢了。

1912年初，我到达南京。这时，南京临时政府和参议院都已经组织起来了。当我们还在途中的时候，重庆蜀军政府即已和成都大汉军政府达成协议：由双方共同派遣黄复生、李肇甫、熊成章三人为四川省的参议员。因此我们到南京后，即没有再做蜀军政府代表的必要了。内务部次长居正和秘书长田桐看见我没有做官，感到非常抱歉，忙对我说："你来晚了一步，若早来点，怎么也有一个次长当的。现在部长、次长都安置完了，内务部的司长、局长或是参事，你任便选一个吧！"我说："我们革命不是为了做官，你们且不谈这些吧。"但随后他们就给我送来了一张疆理局（即土地局）局长的委任状，我马上退了回去；接着，他们又换来了参事的委任状，我还是给退回去了。后来，孙中山先生要我在总统府秘书处工作，他对我说："你来得好，现在正要收拾残局，很需要你来帮忙。"我于是接受了他的邀请。这时，原来在总统府秘书处负责总务工作的李肇甫已经当参议员去了，我于是接替了他的工作。当时南北和议已成定局。很明显，和议一成，总统府秘书处就要取消。因此，开始很红的秘书处，现在变成了冷门。从前有很多人到秘书处钻营，现在却谁也不愿来这里工作了。

甚至秘书处也有人另作打算，有的干脆到袁世凯那里去找官做。有个叫程明超的，他本来是个旧官僚，南京临时政府成立后在秘书处弄到了一个高位，这时即抱着五日京兆的心理，根本不来办事了。还有一个叫秦毓鎏的，他偷着为自己填写了一张委任状，准备回到他的家乡无锡去做知县，一时传为笑谈。从这些事情当中可以看出：在南京临时政府中，不仅原来的官僚政客，毫无生气；并且有些革命党人也在他们的影响下，开始蜕化，逐渐地丧失革命意志，而一味追求个人的官职和利禄去了。

廿一、袁世凯窃国成功

辛亥革命所激起的广大农民的反封建斗争，由于缺乏领导，并没有深入地开展下去。中国资产阶级本身既很软弱，又不敢发动农民起来革命，因此，它在帝国主义和封建势力的强大压力面前，除了退却和妥协之外，再没有别的出路了。孙中山先生刚回国的时候，颇不以和议为然。大家推他为临时大总统，他也很失望。因为他在英国的时候，曾经和英国政府谈定一笔小小的借款；现在总统既然是临时的，这笔借款当然也就无效了。因此，他对当时的和议条件很不满意。但是，当时各方面的“舆论”（当然只是上层阶级的舆论）几乎没有不赞成和议的。而一切帝国主义又都极力支持袁世凯，把他视为它们的新的代理人。尤其是英帝国主义，它的驻华公使朱尔典就是支持袁世凯绞杀革命的主谋。英帝国主义虽然也和孙中山先生拉点关系，但这就更显示它的奸诈。正因为中外反动派勾结成功，一致压迫要讲和，所以孙中山先生反对和议的主张，遭到当时南京临时政府绝大多数有力人物的非难。汪精卫甚至对孙中山先生说："你不赞成和议，难道是舍不得总统吗？"在各方面的包围下，孙中山先生后来也就不再坚持己见了。

临时政府成立后，和议继续进行。南京方面向袁世凯提出：和议成功后，保证举他为大总统；但必须以清帝退位和他赞助共和为条件。于是袁世凯开始逼宫，企图强迫清帝退位。但却遭到满洲贵族中的顽固分子宗社党人良弼等的坚决反抗。这时，京津同盟会中的川籍会员彭家珍，认为杀了良弼，便可导致共和，使人民安居乐业，因此决定拼死以除良弼。他怎么能够知道他的英勇牺牲，并没有发生多大的作用，只不过是帮助了袁世凯登上总统的宝座呢？彭家珍为了刺杀良弼，曾经用尽心机。他把一切准备工作都做好之后，特地装扮成一个威武的军官，穿着整齐的军服，挂着明亮的军刀，于1月26日，装着良弼的一个好友前去谒见。但那天良弼刚好不在。当晚他又去，良弼又不在。但他刚往回走的时候，在不远的途中恰好良弼回来了。在路上一来一去的两辆马车相遇，彭就高声叫“赉臣……”（良弼的号），良弼未应。彭即掉转马车，跟着良弼的马车追去。到了良弼的公馆，良弼一下车就走近门前，彭也急下车，趁良弼升阶正要入门之时，急投一弹，彭在阶下当时即被炸死，而良弼也负重伤，于两天以后就死了。宗社党人因此吓破了胆，同时又看到大势已去，便不敢再坚持帝制了。

清朝皇室终于接受了退位的条件。袁世凯的逼宫竟因彭家珍的刺杀良弼而获成功。我们从当时和议双方达成的优待清朝皇族的条件，可以看到南京临时政府是多么的软弱！

清帝退位之后，和议很快成功。孙中山先生为了保障共和，想出了两个自以为非常高明的办法：一个是颁布约法，想用法律来限制袁世凯；另一个是建都南京，想把袁世凯调离北京这个当时帝国主义和封建势力的老窠。从2月初开始，经过整整一个月的时间，南京的参议院根据资产阶级国家立法、司法、行政三权分立的原则，制定了一部中国宪政史上著名的临时约法。袁世凯对于这个临时约法并不怎么理会，因为他知道这些纸上的东西是可以随时撕毁的。他特别注意的是迁都北京的问题。2月13日，袁世凯在给南京的电文中，于通知清帝退位的同时，就表示他不愿南下。2月14日，南京参议院开会的时候，竟然通过了迁都北京的决议。本来在参议院中，革命党人占据多数，是完全可以根据孙中山先生的意见通过建都南京，反对迁都北京的。但14日开会的时候，革命党人李肇甫，却到台上去大放厥词，说了一通迁都北京的必要；参议员中原来就有不少人对袁的不愿南下表示同情，而李又善辞令，他这么一说，赞成迁都北京的人便成了多数。

孙中山先生和黄兴知道这件事情以后，非常生气，当天晚上把李肇甫叫来大骂了一顿，并限次日中午12时以前必须复议改正过来。15日晨，秘书处把总统提请复议的咨文作好后，需要总统盖印，而这时总统已动身祭明孝陵去了。我急着去找黄兴，他也正在穿军装，准备起身到明孝陵去。我请他延缓时间，他说："过了十二点如果还没有把决议改正过来，我就派兵来！"说完就走了。这怎么办呢？只好找胡汉民去。好容易才把他找到，拿来了钥匙，开了总统的抽屉，取出他的图章盖了印，把咨文发了出去。同时，并通知所有的革命党人，必须按照孙中山先生的意见投票。经过我们一天紧张的努力，当天召开的参议院会议终于把14日的决议纠正过来了。但是，袁世凯并不根据参议院的决议办事，他表面上不坚持迁都，却故意地提出去，就问题来要挟。于是孙中山先生又派蔡元培、宋教仁、汪精卫等为专使，于2月末到北京去迎接袁世凯南下。袁世凯在破格欢迎的伪装下，暗地发动兵变，把蔡元培等人吓了一跳，使得这几个迎袁专使也觉得对袁的是否南下“尽可迁就”了。至此，南京参议院不得不允许袁世凯在北京就职。孙中山先生的计划完全失败了。

眼看着南京临时政府即将结束，不少的革命党人感到革命的理想并没有实现，内心非常痛苦。当时在南京的川籍党人很多，经大家商议，决定召开一个四川革命烈士追悼会，对先烈们表示崇敬和悼念，同时借此排遣自己的悲伤。开会的时候，孙中山先生也到了。章太炎则送来一副挽联，写道：“群盗鼠窃狗偷，死者不瞑目；此地龙盘虎踞，古人之虚言。”大家看了，不但很觉扫兴，而且感到愤慨。章太炎在同盟会里一贯闹派别纠纷；武昌起义后，又说什么“革命军起，革命党消”，主张解散同盟会；随后不久，他便正式宣布脱离同盟会，并和一些立宪党人搞在一起，专门和孙中山先生作对。他骂南京鼠窃狗偷，但当时鼠窃狗偷的大半还是立宪党人，而章太炎不正是和他们沆瀣一气吗？他反对建都南京，认为南京并非龙盘虎踞，难道北京果真就是龙盘虎踞的地方吗？很明显，章太炎为了反对孙中山先生，已经实际上站到袁世凯那方面去了。

追悼会开完以后，我们又为死难烈士请求追赠。根据我们的建议，孙中山先生以总统的名义立即签署了一道命令，追赠邹容、喻云纪、彭家珍为大将军，谢奉琦为中将。其他各省也有继起仿效的。死者已经安置完了，活着的人怎么办呢？我们秘书处的人，决计不到袁世凯那里去做官。邓家彦因对和议非常不满，一定要出去办个报纸，反对袁世凯。又有人提议继续出洋留学，完成以前未竟的学业，大家都很赞成。当时蔡元培在做教育部长，经过他的批准，大批革命党人获得了公费留学的资格，接着便纷纷放洋而去。其中有不少好心的人，以为民国既经成立，自己就应该学点真实的本事，将来好从事建国的工作。他们当时并不了解：辛亥革命虽然推翻了清朝反动政府，但继起的袁世凯仍然是帝国主义和封建势力的工具。他们更没有料到：民国成立以后，中国不但没有兴盛起来；相反，民族的危机和人民的灾难却更加深重了。当时，我也获得官费留学的资格；但是，因为还有许多善后工作要做，所以没有立刻出洋。

廿二、回川之行

辛亥革命以孙中山先生的解职和袁世凯的登台而结束，实际上是失败了。中国的半殖民地半封建社会并没有改变，帝国主义和封建主义两座大山仍然沉重地压在中国人民的头上。但是，当时的革命党人对此并无认识，他们当中有不少的人对帝国主义和袁世凯还存在着幻想。1912年8月，孙中山先生应袁世凯的邀请去到北京。袁故意隆重地接待他，并百般地曲意相从，终于使孙中山先生入其彀中。孙中山先生从袁那里出来就对人说："今日之中国，惟有交项城治理。"因此，他便接受了全国铁路总监的任命，想在中国经营二十万里的铁路，实现他的实业救国的美梦。为了这个目的，他随后还到日本去了一趟。但是不久，他的梦想便被现实粉碎了。

南北和议成功之后，我也到了北京。一天，友人从一家报纸上看到了袁世凯要任命我做四川宣慰使的消息，赶快来告诉我。我感到很奇怪，估计是朱芾煌搞的鬼，便立刻去问他。他说："总统正要找你，请你和我一同回四川去调解成渝双方的纠纷，并要给我们宣慰使的名义。"我说："四川是我们的家乡，对于家乡的父老何能用这种名义？而且我在南京临时政府秘书处的时候，即已和大家有约，此后绝不任什么官职。"

在此以前，李石曾和蔡元培、汪精卫等专使人员在从北京回南京的轮船上曾有"六不会"的组织，以不做官、不做议员、不嫖、不赌、不纳妾、不吸鸦片相标榜，有人甚至加上不喝酒、不吃肉两条，称为"八不主义"。我虽然没有加入“六不会”，并且知道他们是唱高调骗人的；但我却认为一个人如果违背了自己的初衷，总是问心有愧的，且将失信于人，为人所弃。就是由于这种种原因，我坚决地拒绝袁世凯给我任何的官职。袁不得已，后来才同意不给我任何名义，只要我同朱芾煌一起回川一行，去“慰问”四川人民，并促成四川的统一。我当时并不了解袁是因朱的资望不够，不足以替他完成统一四川的重任，因而想利用我为他服务。我只觉得促成四川统一，避免人民涂炭，为桑梓父老做点事情，是一种不可推辞的义务，因此便答应了。袁给了朱一笔钱，朱问我怎么开销。我说：“我们每人一月六十元就够了，同行的人，还可酌量少一些。”朱同意了。

说也奇怪，朱居然跟我一样，既没有争着做官，又没有争着要钱。我本来对朱的投靠袁氏，内心不取；现在见他这样，又觉得他之投袁，原是去争取袁氏赞助共和的，似乎也可以原谅。其实，我那时对朱的本质还是没有认识清楚。后来事实证明：他是一个野心并不太大的道地的投机分子。他投到袁的门下，知道袁也不过是利用他与革命党拉拉关系而已，因此对袁也不存奢望，只趁机会讨了一个夔关监督来当，弄了一批钱，然后便由官而绅，到北京城里买了一大片空地，修了许多房子，做起房东来了。

1912年的夏天，我和朱芾煌回到了四川，这时，成渝双方已经妥协了。成渝的妥协也像南北的和议一样，是重庆投降了成都，革命势力投降了反动势力。其时杨维任军事巡警总监。杨是成都起义被捕的六君子之一，我觉得他似乎尚有可为，便推动朱芾煌用我们两人的名义电袁世凯建议，任命他为成都卫戍司令。袁当即下令委任，并升杨为中将。袁之出此一着，原不过想借以笼络革命党人。但这事却立即引起反动分子的不安。他们马上向袁的亲信四川人曾彝进、顾鳌等进行活动，要袁收回成命。袁虽然没有明白地收回成命，但因他不再支持，杨维终于无法就职。而且，袁见我的心事仍在革命，便急电我们回北京。这时，我正抽空回到了荣县家里。接到袁的急电后，我又匆匆地离开故乡，和朱芾煌一起赶回北京。

在四川的时候，我顺便做了一件事情，那就是以留法俭学会的名义动员了一批青年到法国去留学。留法俭学会是由李石曾等无政府主义分子倡办的，这批无政府主义分子这时已堕落为袁世凯的帮凶，是完全反动的；但留法俭学会却送了一些人到法国去学科学，对社会多少总算有点益处。当然，李石曾之流搞这个俭学会的目的，并不存什么好意，纯粹是为了盗取“教育家”的虚名。这个留法俭学会在第一次世界大战期间及其以后，更发展成为留法勤工俭学会，送了更多的人到法国去留学。

我回到北京的时候，宋教仁等已经组成了国民党，正在为实现他的政党政治的幻想而日夜地忙碌着。他以为国民党只要在议会中取得多数，就可以组织责任内阁，中华民国即可成为真正的“民主国家”而得到“长治久安”，袁世凯的大总统就只剩下一个元首的空名了。他为了在选举中取得多数，不惜把大批的政客和封建余孽拉入党内。他为了使这些人能够接受，又不顾许多同盟会员的反对，把同盟会纲领中的革命内容尽行删除。“平均地权”被改为“注重于民生政策”，“力谋国际平等”被改为“维持国际和平”。这就是说，反对封建主义和反对帝国主义的革命精神完全被抛弃了。甚至连“男女平权”的主张也被取消，因此更遭到女同志们的反对。有个叫唐群英的女同盟会员，辛亥革命刚打下南京的时候曾经做过女子北伐队的队长，这时即因反对宋教仁取消“男女平权”的纲领而要打他，以致闹了一场风波。

1912年底，国会选举开始，宋教仁到处演说，俨然像西方“民主国家”的竞选一样。后来选举“胜利”了，宋教仁更得意忘形，到处发表他的政见。正当宋教仁被“胜利”冲昏了头脑的时候，袁世凯已经为他挖好了陷阱。1913年3月20日，宋教仁在上海车站被刺。他临死仍希望总统“开诚布公”，竟然还不明白就是这位总统要了他的性命。

宋教仁被刺后，革命党人的幻想破灭了，他们被迫于仓皇中起来和袁世凯斗争。

廿三、二次革命失败，继续追求真理

宋教仁的被刺，无论什么人都知道它的政治背景如何。袁世凯为掩盖天下耳目，故意装模作样地说要“穷究”和“严办”。很快真相就大白了。原来指使行凶的是国务院官员洪述祖，而指使洪的又是国务院总理赵秉钧。谁都知道，赵是袁世凯手下的特务头子，因此毫无疑问，指使赵的就是袁世凯自己。袁世凯的阴谋被揭露出来了。于是他一不做，二不休，干脆不经参议院通过就违法向帝国主义大举借款，扩充军队，准备用武力来彻底消灭南方各省的革命力量。

1913年4月，袁世凯与英、法、德、日、俄五个帝国主义国家所组成的银行团签订了二千五百万镑的“善后”大借款。同时，他命令段芝贵、冯国璋率师南下，准备以段芝贵所率李纯等部进攻江西；以冯国璋、张勋两部进攻南京；此外，并以郑汝成、汤芗铭率领海军协助作战。他于一切准备就绪之后，便在6月间借口江西都督李烈钧、

安徽都督柏文蔚、广东都督胡汉民反对借款、抗拒中央，下令免掉这三个国民党人的都督职务。随后至7月间，他又发布“讨伐令”，向国民党人所率领的军队大举进攻。

孙中山先生于3月自日本回国的时候，恰好袁世凯暗杀宋教仁的事件发生了。他回到上海，非常气愤，决计兴兵讨袁，发动“二次革命”。这时，我为了反袁，也到了上海。当善后借款成立，风传袁世凯要撤消国民党粤、赣、皖、湘四督之际，我即向孙中山先生建议，主张四督联合通电，反对袁世凯违法，并声明在合法政府成立以前，不接受违法政府的命令，以此先发制人。孙中山先生很同意我的意见，但黄兴不赞成。黄兴说这样一来，就暴露了他反袁的军事准备。其实，这时国民党反袁，正如袁世凯反国民党一样，彼此都明白，还有什么秘密呢？结果袁世凯抢先宣布了免除国民党都督的职务，使我们的反袁在政治上陷于被动的地位。

7月12日，李烈钧在江西湖口宣布独立，组织讨袁军。接着，15日，黄兴在南京强迫苏督程德全宣布独立，响应江西讨袁。程德全是个首鼠两端的家伙，他于宣布独立后即托故离开南京，潜赴上海。我赶到南京去参加起事，见程不在，便责问黄兴。黄兴说他自己要走，谁也无法。我于是又赶去追程。而程到上海后即通电要黄兴取消独立，真是可恨极了！由于事前既不坚决，临事又不协调，这次所谓赣宁之役，很快就归于失败。接着，安徽、广东和四川的反袁斗争也失败了。但是，我对这些失败并不灰心，仍在上海继续奔走，企图挽救革命。当时我想如果能炸毁曾经归向革命后来又被郑汝成收买过去的肇和军舰，或者把它抢过来，上海就可能支持一个时期，革命也许能以上海为基点，重新发动起来。于是向孙中山先生建议，拿出二万元由我去布置这件事。虽然张静江反对，但孙中山先生同意了。我在法租界组织了一批人，准备好了炸弹、炸药和小船。一切就绪后，在一个晚上，我便带着这队人乘汽车出发，结果因过法租界时被阻，不得不返回，最后一次希望又落空了。至此，孙中山先生的“二次革命”于瞬息之间即告烟消云散。

“二次革命”之所以如此迅速地失败，根本的原因在于自辛亥革命以后，国民党就已经放弃了革命纲领，逐渐地脱离了群众，因此，它发动的反袁斗争，再不像同盟会时代那样能够激起群众的热情了。

四川的反袁斗争发动得比赣宁为晚，但失败得一样地快。8月初，熊克武、杨庶堪于重庆举兵讨袁；接着，张百祥在绵阳响应；王天杰在荣县响应；其他川东、川北、川西也有响应的；但不出9月，全部失败了。这次反袁失败，四川的国民党人牺牲很大。王天杰于四川永川被俘牺牲；张百祥逃至上海后被捕，解到北京被杀。

袁世凯认为四川的反袁斗争是我策动的，因而对我下令通缉。我在国内待不住了，只好再度出国。好在公费留学的资格早已取得，北京教育部又有朋友为我办理一切手续，因此我便于1913年末起程赴法国留学去了。

在此之前，大约是6月间的光景，我的一位朋友任鸿年在杭州烟霞洞投井自杀。他是同盟会员，曾在蜀军中任书记，后因意见不合离去；这时看见袁世凯祸国殃民，与清朝政府无异，觉得过去的革命落空了，因而愤不欲生。接着，袁世凯对我下令通缉，那时我的二哥已经双目失明，而又贫病交加，他在成都一听到这个消息，觉得国家和家庭的前途都无希望了，竟悬梁自缢而死！

辛亥革命给长期黑暗无际的中国带来了一线光明，当时人们是多么地欢欣鼓舞呵！但是，转瞬之间，袁世凯窃去国柄，把中国重新投入黑暗的深渊，人们的痛苦和失望，真是达于极点，因此有的便走上了自杀的道路。但是，我却是一向反对自杀的，我认为自杀最不值得，既然敢于牺牲，何不去和敌人斗争呢？而且，我对于祖国的前途总是抱着无限的希望。我相信我们伟大的祖国既有着几千年悠久而光荣的历史，又有着数万万勤劳而勇敢的同胞，她一定会冲破重重的黑暗而走上光辉灿烂的前程。但是，对于国家的危难、同志的牺牲和兄友的自杀，我毕竟也不能无动于怀。当我踏上出国的征途以后，有时一个人站在轮船的甲板上，看着无边无际的海洋，波涛汹涌，我胸中的热血，也不禁翻腾起来。啊！亲爱的祖国，你何时才能从沉重的枷锁中解放出来呀！

说也凑巧，我这次出国，偏偏坐的是日本轮船，又在船上碰上过1914年的元旦，而且这轮船上挂的万国旗中依然没有中国的国旗！我气愤极了，立刻鼓动全船的中国同胞起来向船长斗争。但是，除了让船长道歉之外，又能有什么别的结果呢？记得十年之前，也是在庆祝元旦的时候，我们在成城学校，为了争挂国旗曾经闹过一场斗争。谁知十年之后，我们的国家在世界上仍然毫无地位呢？我们十年来辛勤地从事革命工作，结果竟然如此！难道我们的道路错了吗？还是没有正确的方法呢？我必须研究明白。我迫切地追求着新的救国救民的真理。

真正能够救国救民的真理我后来果然找到了，那就是放之四海而皆准的、劳动人民自求解放的真理——马克思列宁主义。1917年十月革命的胜利，为全世界人民开辟了光明的道路。在十月革命的光芒照耀下，1919年中国发生了五四运动，1921年成立了中国共产党。此后，中国革命即在中国共产党和它的领袖毛泽东同志的正确领导下取得了伟大的胜利，而我自己也跟着毛泽东同志走到胜利，分享了胜利的喜悦。

跋　语

五十年，对于一个人说来，可算是漫长的岁月；而对于整个人类历史说来，只不过是短暂的一刹那。在这五十年间，我国历史发生了根本的变化。我国人民推翻了清朝皇帝、北洋军阀以至国民党反动派的统治；完成了旧民主主义革命、新民主主义革命以至社会主义革命；使我国由半殖民地半封建社会经过新民主主义社会转变为社会主义社会。我国以短短半个世纪的时间，走完了别的国家几个世纪才能走完的路程。现在，又为我们展示出无限美好的前程。我们伟大的祖国是多么值得我们骄傲啊！但是，回忆一下过去，再看一下今天，使人感到一切胜利都来之不易。因此，我特地把五十年的往事写了出来，让年轻的同志们知道他们的前辈曾经受过多少的苦难，而当时的志士仁人为着摆脱这种苦难，又经历过多少的斗争，抛洒过多少的鲜血。我想当他们知道了过去的这些情形以后，必然会更加珍惜幸福的今天，努力创造光辉的明天。至于我自己，既已为祖国的富强奋斗了六十年，现在，当此大好形势，自然要老当益壮，更加发奋前进。只要一息尚存，我一定和年轻的同志们一起，为把祖国建设成一个无限繁荣和无比强盛的社会主义国家，为实现人类最伟大、最崇高、最美好的共产主义理想，而献出我仅有的一分微薄的力量。

附录　甲午战争——辛亥革命大事记
（一八九四——一九一二年）

1894年（甲午）

6月　朝鲜封建统治者请清政府派兵帮助镇压东学党起义，清政府派叶志超率军赴援。

日军攻击牙山东北成欢驿之清军，清军败退。

8月　中日宣战。

9月　日军攻平壤，清军败，左宝贵力战死，叶志超逃过鸭绿江。

12月　孙中山等于檀香山创立兴中会。

1895年（乙未）

2月　日军侵陷威海卫，北洋海军覆灭。

清政府派李鸿章为全权大臣，赴日媾和。

孙中山等设兴中会总会于香港。

4月　中日签订马关条约。

5月　康有为联合在京会试的各省举子，上书请求拒和迁都、变法图强。

四川东南部再度爆发反教会的群众斗争。

日军在台湾登陆，台湾人民展开武装抗日斗争。

8月　康有为等在北京成立强学会。

10月　兴中会谋在广州起义失败，孙中山逃亡海外。

1896年（丙申）

1月 《强学报》于上海出版。

5月　李鸿章至俄祝贺俄皇加冕，并于6月订立中俄密约。

8月　上海《时务报》创刊。

1897年（丁酉）

3月　法国迫使清政府承认海南岛及对面广东海岸不割让与他国。

4月　上海公共租界小车工人反抗加捐，举行斗争。

黄遵宪、唐才常等创《湘学新报》于长沙。

10月　严复等创《国闻报》于天津。

11月　山东曹州民众以积愤杀德国教士二人，德借此侵占胶州湾。

12月　俄舰侵占旅顺、大连。

1898年（戊戌）

1月　康有为等在北京组成粤学会，并上“统筹全局”书。

2月　英国强迫清政府宣布扬子江沿岸各省永不割让与他国。

3月　中德订立胶州湾租界条约。划山东为德国势力范围。

中俄订立旅顺、大连租地条约。

4月　保国会于北京成立。

法国强租广州湾，并迫清政府宣布两广及云南不割让与他国。

日本强迫清政府宣布福建不割让与他国。

5月　英国强租威海卫。

6月　清帝光绪宣布变法维新。颁布许多新政令。

9月　西太后再出训政，光绪帝被囚；康有为等逃亡；谭嗣同、杨锐、刘光第、林旭、杨深秀、康广仁等六人被杀。变法维新失败。

1899年（己亥）

3月　山东义和拳朱红灯部起义。

6月　康有为、梁启超在日本组织保皇党。

12月　清政府命袁世凯镇压义和拳。朱红灯死难。义和拳民多走直隶。

1900年（庚子）

3—4月　义和拳起义运动在直隶、山西猛烈发展。

4月　长江流域及闽粤会党首领于香港集会，加入兴中会，推孙中山为总会长。

6月　清政府命刚毅等募拳民成军，利用义和团“扶清灭洋”。

英、法、德、奥、俄、美、日、意等帝国主义八国联军攻陷大沽。清政府下诏宣战。刘坤一、张之洞等与各国领事商订互保条约。

8月　八国联军由天津北犯，进北京。西太后挟光绪帝西走，以后又由太原至西安。

唐才常、秦力山等自立军在长江流域起义失败。

10月　兴中会郑士良等于惠州起义失败。

李鸿章奉命至北京与各国议和。

1901年（辛丑）

8月　清政府下诏改科举，废八股。

9月　李鸿章等与各国签订《辛丑条约》。

1902年（壬寅）

1月　西太后和光绪帝回至北京。

2月　梁启超创刊《新民丛报》于日本。

4月　蔡元培、章太炎、黄炎培等在上海发起成立中国教育会。

6月　广西人民起义，起义军占广南之皈朝。

1903年（癸卯）

1月　洪全福等谋在广州起义，事泄失败。

5月　邹容《革命军》出版。

6月　上海租界逮捕章太炎、邹容等，是为《苏报》案。

1904年（甲辰）

2月　日俄战争爆发。清政府宣布中立。

黄兴等组织华兴会于长沙。

7月　广西起义军攻占庆远。

8月　英军侵入西藏，达赖十三世出走，英军强迫订立拉萨条约。

10月　广西起义军退入钦廉十万大山。

冬　章太炎、蔡元培等于上海成立光复会。

1905年（乙巳）

4月　上海新华纱厂发生反裁减工人斗争。

集成纱厂工人反对工头克扣工资，举行罢工。

5月　反对美国要求续订华工条约，上海抵制美货运动开始，全国各地纷起响应。

8月　中国革命同盟会成立于日本东京，举孙中山为总理。

9月　日俄订立和约，俄将所攫南满权转让日本。

吴樾在北京车站炸清政府出国考察宪政之五大臣，未成功。吴樾死难。

11月　同盟会机关报《民报》创刊。

12月　留日中国学生奋起反对日本文部省发布的“取缔清韩留日学生规则”，归国者数千人。

中日订立日俄战后东三省事宜条约，承认日本帝国主义在南满侵占的权益。

1906年（丙午）

4月　上海华新纱厂工人罢工，反对售厂与日本。

12月　同盟会在萍乡、醴陵、浏阳起义，安源矿工六千余人参加。

安徽宣城、江苏南翔饥民起义。

1907年（丁未）

2月　许雪秋于潮州起义失败。

3月　孙中山至河内筹划军事。

4月　钦州发生抗捐起义。

5月　余继成等于潮州黄冈起义失败。

6月　邓子瑜等在惠州七女湖起义失败。

7月　徐锡麟刺杀皖抚恩铭，起义失败死难。秋瑾在绍兴就义。

8月　焦达峰等于日本东京成立共进会。

10月　清政府命各省筹设咨议局。

12月　孙中山、黄兴、黄明堂等在镇南（友谊）关起义失败。

1908年（戊申）

3月　黄兴等于钦州起义未成。

　　谢奉琦在四川叙府谋起义，事泄被捕牺牲。

4月　黄明堂于河口起义，占领河口，未几失败。

8月　清政府宣布自本年起第九年召开国会，并于9月颁布宪法大纲。

11月　西太后、光绪帝死。

12月　溥仪即帝位，定明年为宣统元年。

　　熊成基在安庆起义失败。

1909年（己酉）

3月　熊克武在四川广安起义失败。

5月　上海裕慎丝厂发生工潮。

8月　上海勤昌丝厂罢工。

12月　各省要求速开国会并于上海组成国会请愿同志会。

1910年（庚戌）

2月　黄兴等策动广州新军起义失败。

4月　喻云纪、黄复生、汪精卫谋炸摄政王未成。黄、汪被捕入狱。汪入狱后软化。

　　　湖南长沙、江苏海州饥民起义。

7月　山东莱阳人民抗捐起义。

9月　杨王鹏等在武昌召开大会，改群治学社为振武学社。

1911年（辛亥）

1月　蒋翊武等于武昌开文学社成立大会。

4月　27日（夏历三月二十九日）黄兴等于广州起义失败，死难者七十二人，葬于黄花岗。

5月　清政府宣布铁路国有，两湖、广东、四川人民纷起反对。

6月　四川保路同志会成立。

8月　谭人凤、宋教仁等在上海成立同盟会中部总部。

成都开保路大会，全川举行罢市罢课。

9月　赵尔丰逮捕四川咨议局议长蒲殿俊等人，群众齐集督署请愿，赵令开枪，杀群众数十人。

四川各地人民纷纷起义。

文学社、共进会召开会议，策划武装起义，并派人邀黄兴等来鄂。

10月10日　武昌新军起义，总督瑞澂逃。原新军混成协统黎元洪被推为都督，组织军政府，各省纷起响应。

11月　清政府命袁世凯为内阁总理大臣。清军反攻，陷汉口、汉阳。

12月　在武昌的各省代表决议以南京为临时政府所在地。

袁世凯以唐绍仪为代表与民军议和。

军政府推伍廷芳为议和代表，与清政府议和。

各省代表开会于上海，选孙中山为中华民国临时大总统。

1912年（壬子）

1月　孙中山于南京就临时大总统职，宣布中华民国成立。改用公历，以1912年为中华民国元年。

2月　清帝宣统退位。

孙中山辞临时大总统职。参议院照议和条件选袁世凯为临时大总统。

袁世凯不愿到南京就职，在北京制造兵变。

3月　孙中山在南京公布中华民国临时约法。

袁世凯在北京就任临时大总统。辛亥革命果实为袁窃取。